「考えた人すごいわ」を考えたすごい人

ベーカリープロデューサー
岸本拓也

▶「考えた人すごいわ」とは？

本書のタイトルにある「考えた人すごいわ」は、全国に5店舗を構える大人気の高級食パン専門店。パン屋さんとは思えない外観が特徴的で、オープン初日から行列を作った。

清瀬店

広島店

横浜菊名店

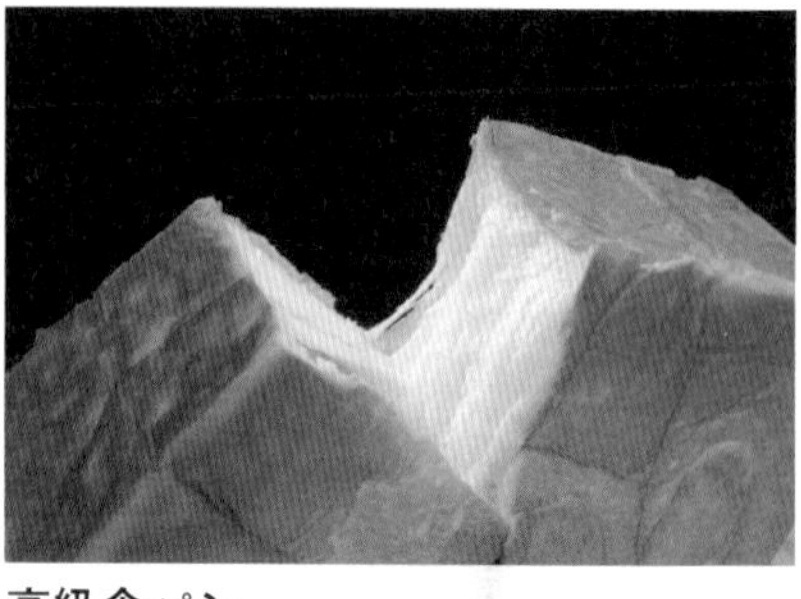

高級食パン

素材や製法、コンベクションオーブンなどにこだわった高級食パン。「考えた人すごいわ」では、プレーンの「魂仕込」とマスカットレーズンが入った「宝石箱」が販売されている。

ショッパー

著者プロデュースのショッパーは、インパクトのあるデザインが魅力。一見、食パン専門店とは思えないショッパーに、思わず誰かに話したくなってしまうはず。

▶岸本拓也プロデュース店ギャラリー

あらやだ奥さん

だきしめタイ

奇人と変人

おい！なんだこれは！

うん間違いないっ！

キスの約束しませんか

偉大なる発明（霧島店）

すでに富士山超えてます

▶ショッパーギャラリー

なま剛力スタジアム

まじガマンできない

わたし入籍します

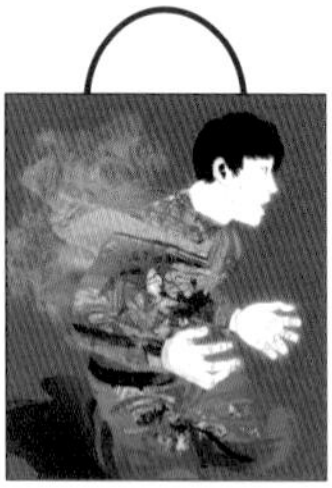

もう言葉がでません

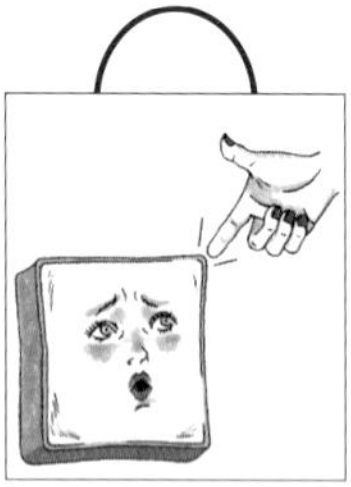

午後の食パン
これ半端ないって！

君は食パンなんて
食べない

夜にパオーン

本物はすごかった

生とサザンと
完熟ボディ

街がざわついた

不思議なじいさん

おいで信州

どんだけ自己中

やさしく無理して

迷わずゾッコン

朝起きたら君がいた

題名のないパン屋

真打ち登場

はじめに

「生とサザンと完熟ボディ」

「キスの約束しませんか」

「あらやだ奥さん」

「夜にパオーン」

「おい！　なんだこれは！」


読者のみなさんには「突然何を言ってるんだ？」と思われるかもしれませんが、これらは僕が今までにプロデュースしてきたお店の名前です。

では、何を売っているお店なのか。店名からは見当がつきませんよね？

「もしかしたらいかがわしいもの？」なんて思われてしまうかもしれません。


正解は「食パン」です。

売れる店を作ることが使命

僕が代表を務めるジャパンベーカリーマーケティング株式会社は、新しくベーカリーをはじめる人に、開業のためのサポート・プロデュースをする会社です。

本書のタイトルにもある「考えた人すごいわ」という高級食パン専門店を作った会社でもあります。２０１３年にスタートしてから、開業に導いたベーカリーは、現在までに国内外を問わず１６０軒を超えました。

「ベーカリープロデューサー」という肩書にも、なじみがない人が多いかもしれません。それもそのはず、「ベーカリープロデューサー」とは極めて稀な職業であり、今のところ日本には、僕しかいません。

具体的に何をするのかと言えば、先に挙げたような店名の提案に加え、パンの開発から店舗のデザインまでトータルでプロデュースし、ご依頼いただいたオーナーさんのために「売れるパン屋」を作ることをミッションとしています。

店を作ることはショーを作ること

たとえば、東京都内にある「考えた人すごいわ　清瀬店」では、オープンから2年が経ちますがいまだに店の前に行列ができ、2斤800円と食パンにしては少し贅沢な商品を一日に500本ほど売り上げています。

僕は「一つの店を作るのは、一つのショーを作ることと同じ」と考えているので、いわゆるステレオタイプの店をそのまま作っても成功はないと思っています。

ですから「考えた人すごいわ」では、小麦粉、塩、バターなど使用する素材にとことんこだわった「かつてない口どけの高級食パン」という商品の特長から、店名には食べたお客様が思わずこんな風につぶやいてしまうであろう言葉を考えてつけました。

また、看板やショッパー（持ち帰り用紙袋）に描かれたギリシャ彫刻のようなタッチの威厳のあるイラスト。店舗の側面には大きく「秘伝」の2文字。いずれも、お客様に非日常のちょっとしたワクワクを感じていただくために、今までのパン屋にはなかった演出を施しました。

そして、現在ではありがたいことに全国のオーナーさんたちから、こうしたパン屋のプロデュースの相談を月に40件以上いただき、新規の案件は半年ほどお待ちいただいている状況です。

岸本流ビジネス理論

最近ではメディアに呼んでいただく機会も増えたので、もしかしたら僕のことを知ってくれている人もいるかもしれません。

テレビなどを通して僕を見たことのある方はご存知かと思いますが、僕の髪型やファッションは、お店のネーミングのように少し変わっています。髪を長く伸ばしヒゲをたくわえて、旅人のような古着を着込んでいるので、「奇抜なファッションが好きな人」という風に見えるかもしれません。詳しくは本編でお話ししますが、実はこのルックスも、僕のビジネスにおける考え方と根底で深くつながっているのです。

本書では、そんな僕が「仕事において大切にしていること」や、「どうしたらたくさんの人に喜んでもらえるビジネスを作れるのか」「新しいアイデアの生み出し方」などについて、ご紹介していきたいと思います。

マーケティング、ブランディング、プロモーション、どれを取っても僕自身の経験と考察から生まれた「岸本流」の理論ですが、パン屋や個人商店を経営されている方に限らず、「ビジネスがなかなか上手くいかない」「今やっているビジネスをもっとよくしたい」という方に役立つ内容になっていると思います。

ぜひ最後までお楽しみください。

岸本拓也

「考えた人すごいわ」を考えたすごい人　目次

第2章 岸本流 マーケティング術

第3章　岸本流　ブランディング術

第4章　岸本流　プロモーション術

第５章 岸本流 チーム戦略術

BOOK STAFF

編集	細谷健次朗（株式会社G.B.）
編集協力	柏もも子（株式会社G.B.）、高橋哲也、村沢譲
カバーイラスト	中村文信（SEWI）
デザイン	森田千秋（Q.design）

題名のないパン屋

第1章

常識にとらわれない仕事を生み出す

岸本流 思考回路

金儲けをゴールにしてはいけない

思考回路 1

「儲けたい」だけでは物事の本質を見失ってしまう

数年前のある日、「パン屋を作りたい」と、僕の会社に来てくれたクライアントさんからこんな相談を受けました。

「実は、パン屋と唐揚げ屋、どちらにしようか迷っているんです……」

その方に「どうして唐揚げ屋がいいんですか？」と聞くと、「初期費用もかからず、利益が出る。それに対してパン屋さんはどうです？」と聞かれました。

残念ながらそう聞かれてしまうと、僕はどちらもおすすめできません。なぜなら、その方の店を出す目的、つまりゴール設定が「金儲け」になってしまっていたからです。

「金儲け」自体が悪いことだと言いたいわけではありません。ビジネスとしてお店を出すのですから、たくさんのお客様に喜んで商品を買ってもらい、お金をいただくことは当然です。

しかし、**問題なのは大義やお金儲け以外の目的を持たずに事業をやってしまうことです。**それでは本当に薄っぺらで、フランチャイズ情報誌に載っているような「儲けたいだけ」のお店になってしまいます。
「それであれば、初期費用が比較的かからずに儲けることができるフランチャイズを選ばれたほうがいいんじゃないですか？」と、お客様に対してはっきり言ったこともありました。

金儲けだけをゴールにしている人、おいしい話につられてしまうような人で成功している人を僕は知りません。

金儲けだけを常に自分の最終目的地にしていると、それ以上何もできなくなってしまいます。パン屋より初期費用が少なくて済むからといって唐揚げ屋を作った場合、唐揚げという商品の魅力を深掘りする目的がないわけですから、そこで終わってしまうのです。

僕がプロデュースしたパン屋をフランチャイズにしない理由は、そこにあります。それぞれのブランドを確立し、それぞれの街でどういう風にベーカリーとして根づかせていくのか、ということを各店のオーナーさんと話して決めていきたいからです。また、オーナーさんだけでなく、店作りに携わったうちの社員たちやデザイナーたちにも、その目的を共有しています。

最初に「人生の棚卸し」をしてみよう

「金儲け」をゴールにしたとして、最初の一瞬は儲かるかもしれません。**100メートル走にたとえると、20～30メートルまではトップを走れるかもしれない。でも、そのあとはあっという間に他店に抜かれてしまうと思います。**パン屋でもそういったケースは珍しくありません。

「おいしいパンさえ作れば売れる」「有名店で修業したら売れる」などと、売れることばかり考えて思考がストップしてしまっては、新しいビジネスは生まれないのです。皮肉なことに「売れる＝お金儲け」を最終ゴールにしてしまうと、もっとも「儲け」から遠ざかってしまいます。

事業を成功させるには、**商品作りの技術という縦軸の深掘りだけではなく、「自分は何をやりたいのか」という横軸の「コンセプト作り」もしていかないといけません。**「なぜこの仕事をやるのか」という本質を見失って目先の利益に走り、広告媒体などで大きく取り上げられるようなことばかりを目指していると、全然割に合わないということにもなりかねないのです。

そこで何か事業をはじめる前にやってみてほしいのが「人生の棚卸し」です。**「人生の棚卸し」とは、自分の本質が何なのか自問自答し、自分らしさを見つける作業です。**僕がプロデュースする店のオーナーさんたちにも必ずこの話をしています。

人間には、自分のキャパシティを超えたことはできません。最近では僕の手法の真似をしようとする店も出てきているようですが、自分のバックグラウンドもないのに形だけ真似しても、薄っぺらな店になってしまうだけです。真似をすることが悪いわけではないのですが、自分のオリジナリティを加味し、掛け合わせていかなければ、ただの模倣に過ぎずまったく意味がありません。

「自分の本質」と向き合わないといいものは作れない

かく言う僕にももちろん、ビジネスにおける金儲け以外の目的が存在します。この仕事をするなかで一番の核とも言えるコンセプトです。

それが**「パン屋で街を元気にします」**ということ。

もともと僕はパン屋ではなくホテルマンでした。大学を卒業後、外資系ホテルのベーカリー部門のマーケティングを任せてもらったことで、パンの世界に興味を持つようになったのです。**ホスピタリティとおもてなしの心が重視されるホテル業界での経験が、現在の仕事にも大きく影響しています。**

その外資系ホテルを退社後、30歳で自分のパン屋を開業した僕に、2013年、はじめてパン屋のプロデュース依頼が舞い込みました。東日本大震災の津波で大きな被害を受けた岩手県大槌町から、町にパン屋さんを作ってほしいと依頼があったのです。公益社団法人の方が大槌町のみなさんにヒアリングをしたところ、まずパン屋さんがほしいという声が多く、僕に声をかけてくれたそうです。実際にパン屋を作ってみると小さなお子さんからご高齢の方までたくさんの人が来てくれて、なかには涙を流しながら感謝してくださる方や、町に笑顔が増えていく様子を目の当たりにしたとき、僕はパンの持つ力を改めて確信しました。そしてもっともっとパン屋をプロデュースすることで、日本中を元気にしたいと思うようになったのです。

このように、それまでの自分の人生の歴史、つまり何をどうやってきたかの積み重ねの上にしか本物のビジネスは成立しません。一瞬の流行や目先の利益だけを追いかけたビジネスは偽物と言わざるを得ないでしょう。

だからこそ**「人生の棚卸し＝自分自身を知る」という作業がないと、いいものは作れないわけです。**

当然のことながら、若い人は経験が少ないことが多いです。自分を棚卸しするなかで、自分自身の経験が足りないと気づいたら、もっと貪欲にいろんなことに取り組むことが重要です。そうすれば、最終的には伸びていきます。

Advice

「人生の棚卸し」をして、自分の本質を見つけよう

僕のアイデアの源泉は「音」「旅」「服」「食」

思考回路 2

自分のテーマを4つ決めよう

僕の仕事の核にあるコンセプトが「パン屋で街を元気にします」であることは先ほどお話しさせていただきました。ここからは、「人生の棚卸し」で見つけたあなただけの仕事のコンセプト（本質）、あるいはこれからはじめようとしている事業のメインコンセプトをどうビジネスに活かしていくかについて、そのポイントをお話ししていきたいと思います。

僕の場合は、街を元気にするパン屋を作っていきたいわけですが、まずはそれってどんなパン屋だろう？　と考えます。

僕にとってパン屋はおいしさだけでなく、それを超えた「楽しさ」を提供する場所です。もちろん、大前提としておいしくなければお客様は来ないのですが、おいしいだけでもお客様は来てくれません。では、どうすればお客様は来てくれるのでしょうか。

それには、**その店に来たくなるような、または来店したお客様がそのお店のことを人に話したくなるような「楽しい体験」を用意する必要があります。そのためには、**

お店でお客様をお迎えする僕たち自身が楽しい体験をしていなければ、絶対に提供することはできません。

僕にとって楽しい体験とはなんだろうか？　おいしいものを食べているときはもちろんですが、それだけでは不十分です。プラスアルファとしてレジャー的な要素、音（音楽）とか旅とか服を付け加え、僕の世界を広げてくれるテーマを「音・旅・服・食」に決めることにしました。

では、あなたには、自信を持って「好きだ」と言えるものがいくつあるでしょうか？これはどんな職業や職種にも言えることだと思いますが、すごく楽しいと感じること、人に語れるくらい好きだと言えるものが４つあるといいと、僕は思っています。

もちろん、「音・旅・服・食」でなくてもいいのです。弊社の社員たちは「舞う」「歌」「サッカー」「犬」などを入れていました。はじめからビジネスに直結させる必要はないので、まずは生き方の幅を広げるために、純粋に興味があるものを選んでください。

そしてその**４つがとりあえず決まったら、そのテーマを深く知り、できるだけたくさん体験してみてください。**

新しい音との出会いが新たな価値を創造する

では、僕のテーマである「音・旅・服・食」を僕がどのように体験し、価値観の枠を広げ、それらが結果的にどうやってビジネスにもつながっているのか、それぞれ分解してご紹介したいと思います。

まずは音楽ですが、僕はありとあらゆるジャンルの音楽を聴きます。J-POPや昭和の歌謡曲、洋楽など、ジャンルを限定しません。カラオケで歌う曲などはどんどん変わってきています。

ちなみに、僕がプロデュースした店舗「だきしめタイ」のBGMには、タイ・ファンクを流しています。**タイ・ファンクというのは、日本の70年代の歌謡曲と同じように、自分たちの独自のアジア文化にアメリカなどのファンクの要素を幅広く取り入れていて、特に「これでなくてはいけない」というものがありません。**それだけに、異国情緒がありながらも何となく懐かしさも感じるので、ありきたりなBGMを流すよりも、お客様に楽しんでいただけています。

店作りにとって大切なのは、目に見えるもの、手に触れるものだけではありません。耳から聞こえるBGMも重要であると考えています。そして、僕が新しい音楽と触れ合うことで得たインスピレーションを、お客様にもフィードバックできます。もちろん、ただ自分の好きな曲を流してしまってはお客様への押しつけになってしまうので、そこはコンセプトとマッチするものを選んでいます。

「旅」をすることで考え方が変わる

そして「旅」。

僕は新しいものと出会うために、国内外のいろいろな場所を訪れています。旅ほど自分を成長させてくれるものはないのではないでしょうか。そして、なるべく知らないところに飛び込んでいくようにしています。それが新たな活力にもなるし、自分のなかで物事にあまり固執しない、自由な考え方をするために必要なことでもあります。

たとえば以前、沖縄県にある南大東島を訪れました。サンゴ礁が盛り上がって海面から出た部分にできた小さな島です。そこでは独自の文化が形成されていて、島で採れたさとうきびを使ってラム酒を作っていたのです。日本でラム酒を作るなんて聞いたことがなかったので、僕のなかではすごく非現実的な発想でした。この非現実感を「おいしさを超えた楽しさ」に昇華させて提供することが僕の仕事ですから、こうした**旅の体験の一つひとつが価値観を膨らませる財産**になっています。

旅をする際、「旅はこうじゃなきゃいけない」という思い込みは捨てましょう。出発前からスケジュールをすべて決めて、思い込みのまま旅をしても得るものがありません。むしろ行き当たりばったりのほうが、新たな発見があると思います。

風向きを読むためにアンテナを磨く

残り二つの「服」も「食」についても同様です。「○○のブランド物しか着ない」というこだわりは、ビジネスセンスを磨く上では少しもったいないと思います。一つのブランドを愛するというのは、個人の趣味嗜好としてはいいと思いますが、ほかのものもどんどん取り入れて常にアンテナを張っていないと、世のなかの動きから取り残されてしまう可能性があります。また、「同じ食べ物」をずっと食べ続けるというのも同じです。毎日、ランチは行きつけのカフェにしか行かない、忙しいとついコンビニ弁当ばかり食べてしまうという方もいるでしょう。

僕の社内では、なるべく社員がそうならないよう、心がけてもらっています。先ほどお伝えしたように、**楽しさをお客様に提供するには楽しい体験をすることが必要不可欠だからです。**なので、社員には服を買ってあげたり、会食に連れて行ったりすることもあります。新しい発見をすることで、社員一人ひとりが自分自身を高めてもらいたいのです。

大切なのは「風《かざ》見《み》鶏《どり》であること」。風見鶏って、よく風向き次第で態度が変わることを揶揄する表現で使われたりしますが、僕は肯定的にとらえてます。

感受性豊かに、アンテナを常に張り、どんなところにも飛び込んでいく。その向こうに自分が進むべき道が作られていくと思っています。

決して受け身になってはいけません。もちろん、感性を広げるにはお金や時間がかかります。でも、いつもランチに行くお店をやめて新しいお店を開拓したり、知らない駅に降りて散策してみたり、工夫次第です。

能動的、主体的になって新しい発見をすれば、自分にとってもプラスになり、人を喜ばせられるチャンスも広がるのです。

Advice

４つのテーマを決め、積極的に体験しよう

ありきたりになるな！
クレイジーでいいんだ！

思考回路 3

既成概念にとらわれない考え方

人生の棚卸しで自分の本質が見えてきたとき、その個性に自信が持てなくなることがあるかもしれません。「出る杭は打たれるんじゃないか」「人と違うことをして自分だけが失敗したらどうしよう」。そんな不安に襲われると自分の本質を貫くのってなかなか難しいですよね。

でも、**個性というのは思いっきりはみ出るくらい突き詰めたほうがいいと僕は思っています。**

僕の中心には常に「クレイジーであれ！」という教訓があります。

クレイジーといっても、見かけだけの話ではありません。既成概念にとらわれない、決してステレオタイプにはならないという意味でのクレイジーです。**「パン屋っていうものはこういうものだから」などとは絶対に思いません。そう思ってしまったら、新たな価値を生み出すことができなくなってしまいます。**

思い起こせば、僕は学生の頃からクレイジーでした。音楽がとにかく好きだったので、ギターを弾きながら歌ったりして、常にみんなを楽しませたいと思っていました。

桐光学園という私立高校で生徒会長も務めたのですが、そのときの選挙公約も「電車の本数を増やします！」などとできもしないことを言っていましたね（笑）。でも、自分ではできると本気で思っていましたし、実際に駅まで学校の代表として交渉にも行きました。当時は1時間に4本くらいしか電車がなくて通学時間のホームが危険なくらい混んでいたんです。

さすがに電車の運行を変えることはできませんでしたが、**「わたしはサダム・フセインにはなりません」というキャッチコピーで、みんなの声を聞きながら自分自身も楽しんで生徒会を運営していました。**当時から「○○とはこういうものだ」という既成概念に縛られない考え方をしていた気がします。

クレイジーを突き詰める「覚悟」

型にはまって固まってしまった思考では、人を喜ばせられるような新しくて楽しい

発想は出てきません。そういった意味では、どんな人にもそれぞれの個性の先にある「クレイジー」をとことん目指してもらえたらと思います。役職があってもなくても、営業職でも企画職でも経理でも人事でも、その人に適した場所で、ベストな力を発揮するためには振り切ることが一番大切です。

「振り切る」って「覚悟」にも近いと思います。そもそもそこで働くことを決めたり、この事業をはじめるぞ、というときにはやっぱり覚悟が必要ですよね。これはオーナーも従業員も同じです。

その覚悟を持って自分自身を振り切らないと、残念な惰性の生き方になってしまいます。結果的に惰性の生き方になってしまうと人生は本当につまらなくなってしまうでしょう。愚痴ばかり言うようになって、週末の休みを待ちながら仕事をして、日曜日の夜になると、明日から会社がはじまるのが憂鬱になったり。

逆に、**振り切っていれば失敗しても納得して次につなげることができる**はずです。

結果的に僕は、会社員時代の何十倍もの給料を取るようになったわけですが、振り切ってチャレンジしたことで確信したことが一つだけあります。それは、たとえ失敗したとしても「別に金儲けがしたくてパン屋をやっているわけじゃない」ということです。

それぞれの「クレイジー」

「クレイジーであれ！」という教訓が狭い意味で社員に伝わってしまうと「社長のようにはなれないよ」と言われることもあります。僕だって社員の全員が全員、僕みたいだったら、それはそれで困ってしまいます。そうではなく、**それぞれの「クレイジー」でいいのです。**

たとえば営業のポジションにいる人が営業の仕事ばかり見ていても向上しません。自分の本質を軸に、「音・旅・服・食」のような自分なりのテーマを広げていくことでいろいろな自分らしさを築き上げていく。「営業とはこうあるべき」などという考えに縛られてしまったら、成長はしません。高みを目指すのであれば、営業職にまい進しつつ「クレイジー」であってほしいと思います。

だからこそ、社員のよいところを引き出すためにどんどん自分らしさを出させるのも社長の仕事ですし、社員たちのほうからも積極的にクレイジーになっていってほしいです。「社長が柄物の服を着てるから、柄は遠慮したほうがいいですよね」などとある社員に言われたのですが、そんなのは全然関係ありません。「入れ墨でもなんでも入れろ！」と言ってるんですよ。うちの会社では全然オッケーです。

Advice

既成概念にとらわれたら面白い発想は生まれない

あえてダサさを打ち出す「ハズし」の美学

思考回路 4

突き抜けた「ダサさ」は「かっこいい」

クレイジーな印象のある僕ですが、わりと最初の頃は正統派でオシャレなパン屋をプロデュースしていました。

ジャンルを絞らなくなったのは、2017年4月に千葉県行徳市にオープンした「(食)盛岡製パン」のコッペパンがヒットしてからです。それからは、**うちの提案する店名、パッケージや店舗のデザインはある種の「ダサさ」を大切にしています。**

たとえば、群馬県高崎市の高級食パン専門店「まじヤバくない?」は、老人ホームを経営している会社でもあります。最初は「こんな店名で大丈夫ですか?」と言われたものですが、「まじヤバくない?」が好評を得たことで、2号店「まじガマンできない」が新潟市の中央区にオープンする際には即決でした。

「まじヤバくない?」のロゴは群馬県の形をしていて、新潟の「まじガマンできない」のほうは、店の入り口の横に「ガマン」「ガマン」と書いてある。壁に描かれた人物の髪からはトキが顔を出していて、ホクロは新潟県の形をしています。下のほうに描かれているのは新潟市のシンボルでもある萬代橋です。これらのキャラクターは僕がイメージしたもので、本当に目立ちます。

「ダサさ」というのは「流行」や「定番」をハズしたところにあるものだと思うのですが、**「ダサさ」を追求していくと、それが突き抜けて一本筋が通ったものになったときに「かっこいい」に変わるのです。**お店では「笑われてなんぼ」というのも、お客様に幸せを届けるという意味では大事なところです。

肝心の商品である食パンは、ほかとは比べられないくらいしっかりとおいしいものを用

まじガマンできない

まじヤバくない？

意していますから、デザインのダサさに「怪しい店なんじゃないか」と思っていた人たちが、いい意味で裏切られてくれるわけです。

俳優でいうと、「三枚目みたいに見えるのに、実は中身は二枚目でかっこいい」というのと同じかもしれません。最初から二枚目を目指すのは、一番やりたくないことです。期待値通りの店を作っても感動はありません。

いい意味でお客様の期待を裏切ることによって、お客様に感動を与える。

これが、僕の考える「ハズしの美学」です。

ハズしても本質はブレてはいけない

パン屋として大切なことは、パンを「作る」ことと、作ったものを「売る」こと。そして、作ったものを売る店の存在を「広める」ことです。この三つが揃って初めて成功といえます。

ただ「おいしいパンが出来ました」というだけでは、世のなかによくあるしつらえの「それなりのパン屋さん」で終わってしまいます。

ですから僕がプロデュースした店は、あえて「パン屋」とうたわないことも多いですし、だからこそ食べた人が「あそこのパンはおいしい」とほかの人についい話したくなってしまうのです。

ただ、「ハズしの美学」とは、ギャップ自体が狙いというよりも、それらを含めて、すべてをお客様に楽しんでいただきたいというのが本音です。僕が「ハズせハズせ」というと、変に勘違いされてしまうこともあります。

ハズしてはいるけど、決して奇をてらっているわけではなく、「パン屋で街を元気にします」という本質の部分は少しもブレていません。

店名や商品のネーミングのセンスについても、ベースになるのは自分自身の経験。そこがしっかりしていないと、ただダサい、単にハズれただけのものになってしまい、どうしてもそれ以上の広がりがないものになりかねません。

僕にとっては、そのベースとなっているのが「音・旅・服・食」から得た体験や経験というわけです。ひとくちに「ハズし」といっても、自分の固定観念にとらわれないものをいかに視野を広げて追求していくかがポイントになってきます。

また、僕の場合、こういった「ハズし」の発想は、音楽から得ることが多いです。社内ではいつもいろんな国から集めたレコードをまわし、インスピレーションをもらっています。

僕にとってのパン屋をミュージシャンにたとえるなら、演奏のテクニックだけにこだわったり、歌唱力だけで勝負するアーティストではありません。だから技術を競う「パン作りコンテスト」などには一切興味がありません。

大切にしたいのは、いかに自分らしくいられるか。自分の価値観を広げていくことで、それが面白い「ハズし」を生み出し、それを結果的にお客様が楽しんでくれることが一番です。

Advice

お客様を喜ばせるために、あえてハズず!

「掘り下げる」よりも「広げる」

思考回路 5

「幅が広い人」に仕事は集まる

僕は、パン屋にはほとんど行きません。

ベーカリープロデューサーなのにパン屋に行かないのは怠慢だと思われてしまうかもしれませんが、そうではないのです。ベーカリープロデューサーとして、「パン屋以外にたくさん商売のヒントがある」からです。

パン屋に限りませんが、何かビジネスをしよう、商品を作ろうとなったときに、それしか考えられなくなってしまう――。それが一番よくないことなのです。

正直なところ、どの業界でもピラミッドの頂点にいるような、ごくわずかな割合の成功している人に会って感じるのは、みんな**「幅が広い」**ということです。

自分の**専門分野に詳しいのはもちろんですが、それ以外にも幅広い知識を持っていたり、人を大切にする気持ちを持っていたり、楽しいことが大好き**だったり。

現在僕がお願いしている税理士さんも、そんな人です。

一番多い相談事は、もちろん税と法務関連のことや帳簿と簿記について、そして特にうちは契約に絡んでくる内容が多いです。

そういった相談に乗ってくれるのは当然と言えば当然なのですが、それだけでなく、うちの経営コンサルタントとしての仕事内容についても、相談すると一緒に考えてくれるのです。

そして何より素晴らしいのが、**僕が同じことを100回質問したとしても、その税理士さんは100回笑顔で答えてくれること。**

また、役所に書類を出し忘れたときなど、「僕がやっておきますよ」と引き受けてくれることもあり、付加価値のサービスがすごいのです。

どんな相談にも対応できる豊富な知識、いつでも信頼して質問できる朗らかな笑顔、クライアントに対しての細やかな気配り。どれ一つとっても、非の打ちどころがありません。

僕もまずは「100回質問されたら100回笑顔で返す」というところから、うちの社員たちと一緒に見習うようにしています。

どんな職業でも付加価値が作れる

その税理士さんの事務所に行ったときにびっくりしたのが、書棚にジャーナリストの池上彰さんの本がずらりと並んでいたことです。聞いてみると、税理のこと以外でもなんでもすべてわかりやすく説明しようと、池上彰さんの本を読んで勉強しているのだそうです。

これこそがまさにビジネスで求められる「付加価値」ですよね。こうやって**お客様に喜んでもらうために日々、自分自身の幅を広げる努力をしているからこそ、また次も絶対にこの税理士さんにお願いしたい、と気持ちよく思わせてくれます。**もしかしたらこれが有名な税理士事務所などになると、仕事に対する思いやプライドだけが高くて、こうはいかないのかもしれません。

もう6、7年仕事をお願いしていますが、僕の会社と同じように税理士さんの事務所の売り上げも上がっているようです。僕もうれしくなって、お互いに切磋琢磨しながらお付き合いをさせてもらっています。クリエイティブな仕事だけではなく、この税理士さんのように専門性の高い仕事に就いている方であっても、「幅の広さ」は必要だと思うのです。

Advice

幅を広げて自分自身に付加価値をつけよう！

変化することを恐れない

思考回路 6

変化し続けて、お客様をワクワクさせる

僕がプロデュースした店で売り上げを伸ばしているところは、「常に動いている、変化している」という共通点があります。

僕は以前、「ムービングベーカリー」という新しいベーカリーの形を提案しました。「ムービング」という言葉には、「パンも人も全体がいつも躍動している」という意味があります。**変化し続けることで、お客様をワクワクさせ、いつも新しい発見があり、来る人を決して飽きさせない。**これは、おいしいパンをよりおいしく見せる工夫にもなっています。

東京都大田区にオープンした高級食パン専門店「題名のないパン屋」も僕がプロデュースしたお店ですが、この店を経営しているのは、明治時代から佃煮・惣菜専門店として商売を続けてきた老舗「佃浅《つくあさ》商店」です。

佃浅商店は、関東圏の大手百貨店で佃煮や和惣菜を販売してきましたが、最近では

消費者の米離れによって、経営に行き詰まりが見えてきたところがありました。

そこで老舗を守るために何かをしなくてはいけないということになり、僕に白羽の矢が立ったというわけです。

僕が提案したのは「和惣菜と合わせる食パン」でした。パンだけでなく、和惣菜の売り上げアップも狙ったのです。そして惣菜工場の一角を改装して、食パンの専門店を開くことにしました。それが「題名のないパン屋」です。パンには惣菜の老舗としての強みを活かして「江戸甘味噌」を使うなど、和のテイストで惣菜に合う食パンを用意しました。

開店当日、店の前には予想を上回る大行列ができました。これは**「佃煮・惣菜の老舗」というブランドに安住せず、積極的に変化を求めた佃浅商店の経営者の姿勢があったからこそだと思います。**

日本は非常に社会が成熟しているせいか、積極的に「自分から変化しよう」という人は少ないようにも思えます。中国などで仕事をすると「これが自分の考えたビジネスモデルだ」といって、がんがんアピールしてくるので、正直なところ、少しやりづらい面もありますが、変化への勢いをダイレクトに感じてとても刺激になりますね。

変化のスピードが求められる時代

時代の空気や流れを読んで変化できなければ、そのビジネスは廃れるしかないというのはその通りなのですが、新型コロナウイルスの影響でそれがよりスピード感を持って求められている状況にあるのは、みなさんも肌で感じていると思います。パン屋ももちろん、その例外ではありません。

そこで、僕が今考えているのは非常食の販売です。

非常食といっても、パンの缶詰です。乾パンのようなボソボソとした味気ないものではなく、コンセプトは「非常食なのにおいしいパン」。パンの缶詰を食べたことがない人も多いかもしれませんが、実はとてもおいしいのに、**今も昔も乾パンが非常食のスタンダード。僕はここに、人々の需要があると思っています。**

外出自粛や、最近ますます地震が増えてきたことによって備蓄の重要性が見直されていますが、これはただのビジネスチャンスではありません。この新型コロナの影響で廃業しそうなパンの工場や、日頃からお付き合いのある製粉所に製造・開発を依頼することで仕事を生み出し、購入したお客様にもおいしさを届けることで笑顔になっていただく。

まさに僕の信条である「パン屋で街を元気にします」を実現する事業なのです。

そのために僕ができることは、より多くのお客様に商品が届く方法を考えることです。これまで防災専門の商社やショップでしか取り扱いがなく、法人や学校が主なターゲットだったパンの缶詰を、一般家庭や個人の方に買ってもらえるよう、僕のプロデュース店で販売したり、新聞広告も大きく打ちたいと思っています。もちろん、パッケージデザインやネーミングにもこだわるので、かなりインパクトのあるものができると思います。

どの業界も急速な変化を求められて苦しいこんなときですが、だからこそ、**誰かの幸せを思って考え抜かれたビジネスこそが、広がりを見せていく時代**になるのだと思います。

Advice

時代の空気や流れを読んで変化に適応する力を養おう

一日10時間以上働いてはいけない！

労働力の「選択」と「集中」は基本

僕が直に経営するパン屋では、スタッフに一日10時間以上は働かないようにしてもらっています。

理由はきちんとリフレッシュする時間を作って、「音・旅・服・食」のような体験や新しい情報をインプットする余裕を持っていてほしいからです。これはスタッフのためでもありますが、結果的には店のためになります。

パン屋さんというと早朝でも深夜でも店の奥の明かりが点いているイメージがあるかもしれません。今はだいぶ見直されてきていますが、僕がパン屋の経営をはじめた2006年頃までは、パン屋は最終電車で出勤する場合が多く見受けられました。そんなに時間をかけて何をしているかというと、パンの生地を作る以外にも、カスタードやハム、ソーセージまで自分で作ったりしています。こだわろうと思えば際限なくこだわることができるのです。おいしいパン作りで売り上げを競うには12時間労働でもまだ足りないと言われていました。

ですが、一人の人間が持つエネルギーは限られています。いくら商品作りに時間をかけても、それを売る、認知を広げることにかけるエネルギーがなくなってしまってはビジネスとしての成功は望めません。

ここ10年ぐらいでパンを製造する機械の性能は格段に進化していますし、競争力を落とさずに労働時間を短縮する方法は必ずあるはずです。

どの作業に時間と労力を割くのか「選択」し、消費者が求めているものにピンポイントで「集中」してエネルギーを注ぐように意識してみてください。

これはパン屋に限った話ではなく、今の労働環境に不満がある、毎日クタクタになるまで仕事をしているのに思ったように成果が出ない、という方には一度自分の仕事を振り返って精査してみてほしいと思います。「これが自分のやり方だ」と思考を停止してしまうと、何一つ事態は好転しなくなってしまいます。

そして、労働時間を一日10時間なら10時間と決めて、少なくともそのなかの1時間は売り方、広め方を考える時間にあてましょう。そうしたほうが、かえってお客様から支持されるお店を作れるのではないかと考えています。

スペシャリストとゼネラリスト

僕自身はというと、正直なところ、「仕事をしている」という感覚自体があまりありません。会社に行ってもずっと机に向かっていることはまずありませんし、**僕の仕事はどれだけ多くの情報を自分のなかにインプットするかが重要**なので、仕事と遊びと睡眠は表裏一体なところがあります。ある意味、まったく仕事をしていないともいえますし、ずっと仕事をしているともいえるのです。

公私の切り替えについても、そういう意味では24時間、仕事のことだけを考えているタイプかもしれません。たとえば会食で、まったくパンとは関係ないジャンルのプロフェッショナルたちと話すことによって、仕事のヒントを得ることもあります。インプットした情報をいかに独自のかたちで商品に落とし込めるかが勝負なので、こういうことも仕事に帰結しているのです。

組織全体を俯瞰することと、価値をクリエイトすること。僕が自分の仕事として「選択」し、「集中」してエネルギーを注いでいるのはこの二つだけです。

請求書を作ったり、新入社員の面接をしたり、そういったことは一切やらないことにしています。店名やロゴやショッパーのイラストをクリエイトしたりするのは僕の仕事ですが、今後はその部分もプロフェッショナルな人たちを集めていって、僕の頭のなかにあるオリジナルなものを形にしていけたら一番理想的だと思っています。

世のなかには一つのことを極めた「スペシャリスト」と、その才能を集約して形にする「ゼネラリスト」の2パターンの人材がいますが、僕は「ゼネラリスト界のスペシャリスト」になることを目指しています。

どういうことかと言うと、たとえばある分野における能力が100％のスペシャリストに対し、1％の力しかない人材でも、ゼネラリストが100人集まれば同じ100％になるわけです。やりようによっては200％、300％になるかもしれません。

僕はそんな「1%」の可能性をつなげる作業を極めていきたいと思います。自分自身が何か特定の分野のスペシャリストである必要はありません。

ゼネラリストとして、僕の哲学や軌道を上手く伝え、「1」をつなげて輝かせられる人間になれればいいと思っています。

Advice

「選択」と「集中」を明確にして目標をクリアにしよう

キャベツたっぷり
生姜焼きサンド

Column

生姜焼きとマヨネーズの濃厚な味をキャベツと食パンが受け止めてくれる

のせる食材を選ばない食パンは、肉でも魚でもどんな食材であっても相性抜群。

そのなかでも僕がおすすめしたいのが、キャベツをふんだんに使った生姜焼きサンドです。

作り方は至って簡単で、歯触りが柔らかな食パンにマヨネーズを塗り、キャベツの千切り、生姜焼きの順にのせていき、もう1枚食パンを重ねてカットするだけ。

生姜焼きの甘辛いタレ、マヨネーズの濃厚な旨み、そしてキャベツのシャキシャキ感が生み出す三位一体のハーモニー。そこに、食パンのふんわりとした食感が合わさることで、間違いなくやみつきになります。

用意するもの

食パン（生）	2枚
生姜焼き	適量（惣菜でOK）
キャベツ	たっぷり！
マヨネーズ	適量

本物はすごかった

第2章

頭一つ飛び抜けた アイデアを作る

岸本流 マーケティング術

「コンセプト」と「ターゲット」だけは絶対にハズすな！

マーケティング術 1

志としての「コンセプト」と「ターゲット」

第1章では「ハズしの美学」など、デザインや店名に、あえて意外性のある要素を入れてハズすことで生まれる付加価値についてお話ししました。僕のプロデュースした店舗をご存知の方も、派手で奇抜なものを作って注目を集めることが、僕の手法だと思われているかもしれません。ですが、それだけではビジネスにはなりません。**ビジネスとして成功させたいならこれだけは絶対に絶対にハズしてはいけない、というほど大切にしているのが「コンセプト」と「ターゲット」です。**

まずは大きな意味での「コンセプト」と「ターゲット」を持っておいたほうがいいと思います。これは人生の棚卸しをすることによって見えてくる、自分の仕事における信念のようなものですね。

僕の場合それは、

「コンセプト：パン屋で街を元気にします」

「ターゲット：老若男女0～120歳まで」です。

この二つが基準となり、何か新しい事業を考えるときの土台や、人からお誘いをいただいたお話を受けるかどうか判断するふるまいにもなってくれます。

僕のなかでこの「コンセプト」と「ターゲット」に反する仕事は、どんなに儲かりそうな話でも乗らないことにしています。たとえば、天然酵母を極めた酸味のあるパンを小学生のそう多くはおいしいと感じませんよね。高齢者が噛み切れないようなハードなパンも一部のパン好きには喜ばれますが、僕がターゲットとしている層よりも狭く、それでは街を元気にできません。こうした**基準があることで、自分のなかの軸がハッキリして、ブランディングも確立し、自らの仕事に対する自信も持てます。**

こうした「コンセプト」と「ターゲット」を自分のなかに持っておいたほうがいいことは、みなさんにはぜひ覚えていてほしい大切なことなのですが、第2章は、「マーケティング術」についてです。今ご説明したようなことよりももう少し具体的なケースで、事業を成功に導くために押さえておきたい「コンセプト」と「ターゲット」についてお話ししていきたいと思います。

人口の分布からわかること

そもそもなぜマーケティングをするのかと言えば、その目的はまさにこの「コンセプト」と「ターゲット」の照準を絞るためです。

このファッションのためか、感性や感覚的なものだけで仕事をしているように思われがちな僕ですが、データを集め、読み解くことはとても重視しています。**僕は店を出す前には必ずその土地へ出向き、自転車で店の周辺を調査します。**街の空気感を実際に感じながら一軒家が多いのか、マンションが多いのか、高齢者が多い街なのか、家族世帯が多いのかといったことを自分の目で確認します。もちろん、実数のデータもちゃんと確認します。

たとえば多摩センターの場合、昭和40年代に開発された街で、主な住民は団塊の世代であるということがわかります。そういうシニア層が多いところで商売をする場合は、若い人向けの店を出しても響かないのは明白です。

ただ、データが重要とはいえ、人口が集中している豊洲に店を出せば上手くいくかというと、そうでもないわけです。僕が豊洲で店を開かないのは、大型店が中心で個人店が埋没してしまい、存在感を出すのが難しい上に、土地の値段が割高というのが理由です。地価が高いから利益は見込めません。投資したいというオファーもあったのですが、結局データと照らし合わせた結果、やりませんでした。

もしも、**個人店で商売を考えていたら、データは絶対に見ておくべきです。**たとえば自宅を改装して店を作る場合、ターゲットは誰か。**周辺の人口分布を調べておくのも大切なことです。**何人の人が住んでいるか？　多いのはシニア層か、子育て層か、学生か？　その人たちの収入はいくらくらいか？　ライバル店はあるのか？　人口分布や世帯数は区役所や市役所のホームページで調べられますし、自分で周辺を歩いて調べてみることも大切です。

調べた結果、高齢者が多い地域だったら、フランスパンをメインにしたパン屋を開くのは難しいでしょう。噛む力が必要なフランスパンは、高齢者には喜ばれません。すなわち、近くにライバル店がなかったとしても、安心はできないということです。いくら住んでいる人が多くてライバル店がなくても、そもそも高齢者の割合が多い地域ではフランスパンは売れません。これらの調査が、いわゆるマーケティングです。データが緻密であればあるほど、潰れるリスクを回避できます。

Advice

地理的な条件を踏まえつつ、ビジネスを考えよう！

「データ」と「感性」、この二つのかけ算こそが重要！

マーケティング術 2

データは絶対必要だが、それだけではダメ

ここまでお話ししてきたように、ビジネスをする上でデータは常に気にしていなければなりません。これは僕が前職のホテル勤務時代から培ってきたことであり、基本的なことです。僕も含めてですが、日本人はデータ好きがとても多いと思います。

ただ、**データだけを信じていてもダメで、よいものはデータと「感性」をかけ算しなければ絶対に生まれません。**

パンがおいしいのは大前提。その上でさらに、普通のパン屋がやらないことをしなければならないのですが、それが難しかったりします。

そこで必要なのが「感性」です。それがないと、開店する際の立地にしても、駅前だったらいいとか、結局データに頼るしかなくなってしまうのです。データだけでは楽しさは生まれません。

データに掛け合わせる「感性」をいかに磨くか

では、データに掛け合わせる「感性」は、どうやって磨けばいいのでしょうか。

そもそも有名店出身を売りにしたパン屋さんだった場合、その人は有名店の感性しか知らないですし、ずっとその店で長時間労働していたわけですから、「遊び」の要素もわからなくなっている可能性が高いです。残念ながらそうしたお店は、お客様も「つまらないなあ」と言って出ていってしまいます。

ただ質のよい商品を売るだけではなく、その店だけの個性や付加価値が必要です。

そのためには、**日頃からたくさんの体験を自分のなかにインプットして「幅」を持っていなければ突破口が見いだせません。**どんな工夫をすればお客様が喜んでくれるだろう？　どんなお店ならお客様がまた来たいと思えるだろう？　と一生懸命に考えることは大事ですが、いくら頭だけで考えても、自分自身が感動した体験を引き出しとして持っておかないと、答えを出すのも難しいですし、それが正しいかどうか自信を持てないと思います。

ですから、僕の場合は「音・旅・服・食」をテーマに、自分自身の心が動く体験をできる限り多く、自分のなかに取り込むようにしています。

店作りだけでなく、商品についても「自分の作りたいものを提供したい」「徹底的に素材にこだわれば、お客様も納得するに違いない」。その気持ちもわからなくはないのですが、**作り手の目線だけで考えてしまうと、それは「売れる商品」ではなく、「売りたい商品」で終わってしまうでしょう。**

売れゆきに悩むパン屋さんでも、味は絶品ということがあります。店として売れていない要因は味ではなく、かけ算が足りていないと考えたほうがいいでしょう。

感性だけでもビジネスにはならない

また、「データなんて気にしなくても、感性に自信があるから大丈夫」という考え方も危険です。ミュージシャンなどは感性だけでやっているように見えますが、人気のある人ほどそうではないと思います。感性の鋭い人でも売れないケースはたくさんあります。

たとえば、桑田佳祐さんや、ロックバンドのマキシマム ザ ホルモンにしても、抜群の感性はありますが、本当にそれだけでやっていたら、あんなに活動が長く続くわけがありません。そんな人がいたとしたら、よほど運がいいのでしょう。

お店にしても「隠れ家」として話題となり、予約が取れないといったお店もありますが、あれは本当に隠れ家なのではなく、「隠れ家風」を演出して人気を呼んでいるのです。

データと掛け合わせることを、自分の感性を曲げることだったり、大衆に迎合することだと感じてしまう人もいるかもしれません。ですが、この章の最初にお話しした自分のなかの「コンセプト」と「ターゲット」の軸さえハッキリとあれば、ちゃんとあなたの感性が活きたビジネスになるはずです。

Advice

感性とのかけ算を意識しよう！

ストーリーが魅力的なコンセプトを生み出す

マーケティング術 3

クライアントの「ストーリー」を掛け合わせた店作り

今はパン作りの歴史がどんどん変わっていっている時代だと考えています。

高級食パン専門店が次々に出店していますが、もう高級感があるパンというだけでは、生き残っていくのは難しいといえます。他店との違いを出すためには、その店に行く「体験」に、その店の「個性」という付加価値をつけることが重要になります。

しかし、ただ目立てばいいというわけではありません。

僕は店の個性を出すために、開店する街の歴史や特色と、オーナーやクライアント企業のストーリーを掛け合わせた店名や店舗作りを心がけるようにしています。

新静岡駅近くにオープンした「すでに富士山超えてます」は、旅行会社が運営するベーカリーで、未経験でも富士山（＝日本一）を超える食パンを作りたいという意気込みと、味・品質への自信を店名で表現しています。

このお店は都心への展開を視野に入れているので、他県に出店したとき、お店の拠点が静岡県であることが伝わるように、地元の富士山へのリスペクトも込めて、「すでに富士山超えてます」とネーミングしました。

ただ、富士山の名前がついたブランドは静岡にたくさんあるので、ほかとかぶらないようにエッジを効かせるにはどうすればいいのか、ずいぶんと悩みました。

ちなみに、このお店で常時売っている食パンはプレーンの「最高峰」とレーズン入りの「御来光」の2種類。これも富士山にちなんだネーミングです。もちろんパンは「富士山を超えるほど」おいしい。見たまま、食べたままの高級感ある名前にしてしまったら、あまり面白くないと思います。

僕は、お客様の期待をいい意味で裏切る（ギャップを作る）のが大好きなので、この場合も「ちょっと変わったネーミングだけど、食べると本物の味がする」というギャップを大切にしました。

すでに富士山超えてます

　その土地のストーリーとクライアントさんのストーリー、という二つを掛け合わせないと、買う人の心には絶対響くことはありません。非常に薄っぺらなものになってしまいます。

個性溢れるパン屋が日本の街を明るくする！

富山県入善町でプロデュースした「不思議なじいさん」。

ここは新潟県にほど近い人口約2万4千人の街です。「入善という町を盛り上げたいから、なんとかならないか」とクライアントさんからオファーがあって、パン屋を作ることになったのですが、そのとき僕が思ったのは、この人口では、都市部と同じようにはいかないということです。しかし、入善という街は、遠くを見渡せば黒部ダムや、白馬連峰がある。非常に美しい山があって、チューリップの産地でもある。そんな素晴らしい街だということを町の外の人にも知ってもらいながら、ビジネスとして広げていく方向性を考えました。**町の外部からお客様を呼び込むためには、パン屋を宣伝**

不思議なじいさん

するのではなく、入善町のすばらしさを伝えようと思ったのです。

人口1～2万人規模の街だと、どんなに頑張っても売り上げは一日5万円くらいです。ただ、売り上げが5万円であっても、家賃が安ければ利益は出ます。しかし、僕はこの街には、もっと利益が出るポテンシャルがあるのではないかと思いました。**クライアントさんとその土地の特徴、つまりこれだけ美しい景色や花の産地があって、高齢化社会で、オーナーさんも地元への強い思いを持っている。**これらをひっくるめて考えてみると、可能性がある街だと感じました。

では、どこまでを商圏として考えるかというと、50キロくらい離れた富山市までは入れたいところです。クルマだとだいたい1時間です。そこからお客様に来てもらうとしたら、何かしらのレジャー性を加えなければなりません。たとえば、平日は来ないかもしれないけれど、週末には入善町に行こうと思ってもらえるようにしないといけない。

ただ、町おこし的な位置づけとして、日常性7、レジャー性3でやっていかなければならないとなったとき、最初の起爆剤である「店のネーミングはどうするか」という問題が出てきます。

そこから僕はオーナーさんの地元への思いと土地の特徴を組み合わせて「不思議なじいさん」という店名を考えました。

シニア世代を活性化させ、シニアが美しく躍動する街にしたいため、あえて高齢化社会の入善をアピールしたわけです。

食材としては、水がよいことで有名なところですから、その水を使い、入善町ならではの食パンを提供することにしました。

都会向けに入善町のパンを作るのではなく、まずは地元をベースにして入善町にお客様を呼ぼうと考えたのです。しかも開店のときには、高齢者も参加するじゃんけん大会などのイベントを開催して、多くの人に見に来てもらいました。

話は戻りますが、僕は店名を一つつけるのにも、そうやって土地の歴史やストーリーを上手く掛け合わせたものにこだわっているのです。

Advice

商品と土地のストーリーを深掘りしよう

売り上げデータを徹底的に分析せよ！

マーケティング術 4

品揃えに失敗しないデータの見方

売り上げをアップさせる一番シンプルな方法は、「お客様がほしいものを売ること」です。

当たり前に感じるかもしれませんが、意外とそこを数字で正確に見ている個人店は少ないのではないでしょうか。

何がお客様の求めているものなのかは、商品の売り上げデータを分析することで把握することができます。

僕が活用しているのはＡＢＣ分析。これは商品や顧客など複数のデータを「重要度」にもとづいて分類するという方法です。商品を売り上げが大きい順にA、B、Cと分類していって、各商品の売り上げが全体の何％にあたるかを計算し、商品の重要度を決めていきます。

たとえば、売り上げ全体の70％にあたる商品を「売れ筋商品（A）」、20％にあたる商品を「戦略商品（B）」、残り10％の商品を「死に筋商品（C）」と分類したとします。「売れ筋商品」のなかで1商品だけダントツで売れている場合は、意外と早く飽きられてしまうこともあるので、要注意です。そうならないためには、AからBのなかで毎日売れる日常性の高いパンと、嗜好品としてのパンをそれぞれ用意し、それらのうちで、いくつかのパンがいつもヒットしているように商品の構成を考えます。

パンのなかでは食パンが一番日常性の高い商品です。僕はこれまでに既存のベーカリーのコンサルティングや直営ベーカリーの経営も行ってきましたが、**どこのお店でも個数別、金額別に売り上げを分析すると、必ず食パンは1位か2位でした。**これはどこのパン屋でも同じです。あんぱんが名物だというお店でも、2位には食パンが入ります。それほど食パンは、毎日食べるものであり、世代や地域に関係なく好まれるものなのです。そして店の客層にもよりますが、カレーパンや惣菜パン、メロンパン、あんぱんなどは、嗜好品に分類されるでしょう。

また、C（死に筋商品）はどうするか。これは、容赦なく切り捨て、別の商品を開発していきます。

Cはいわゆる「通好み」の商品であることが多く、「やめる」というと「この商品がよかったのに」というお客様が現れやすいです。すると、パン職人としてはついうれしくなって通好みの商品を作り続けてしまいがちです。

でも、よく考えてみてください。**売れない商品を喜んでくれるお客様がいることはありがたい話ですが、その商品はニーズがないのです**。他店にもないから買ってくれるのでしょう。少数でも気に入ってくれているお客様がいる商品をやめるのは気が引けるかもしれませんが、ここはデータに従って商品開発をするべきなのです。

誰をターゲットにした売り方なのか

また、自分の扱っている商品の購買年齢層やどんな性質のお客様が多いのかも、できるだけデータを集めて分析しておいたほうがいいでしょう。新たな客層を取り込みたいときなど、正しい分析結果があれば、施策の効果は目に見えて違うと思います。

たとえば、日本の食パンの購入者層をピラミッド型にしたとき、パン屋まで食パンを買いに行くのは、その上部数パーセントのトップ層にあたります。大多数を占めるピラミッドの下部はスーパーやコンビニで購入するライト層です。**僕が食パン専門店を作る上で意識したのは、いかにこのライト層を取り込めるか。**そのためにインパクトのある店名をつけたり、ショッパーのデザインを面白くしたり、高級志向ではなくても興味を持ってくれるお店を目指しました。

最近では、高級食パンブームといわれていますが、既存のパン屋さんに比べたら、食パン専門店の数はまだまだ圧倒的に少ないままです。地方に行くと、シャッター商店街が目につきます。でも、なぜシャッター商店街になってしまったのか。その理由次第では、食パン専門店が成功する可能性はまだ十分にあります。

「なぜ売れないのか」。その理由を徹底的に分析し、地域に根ざしたパン屋を作り、発展させていく。データを元にした「お客様ファースト」が必要不可欠なのです。

Advice

できるだけデータを集めて多様な角度から見よう

上辺だけパクっても成功することはない

マーケティング術 5

今、パン屋は儲かる商売か？

ホリエモンこと堀江貴文さんも、「これからパン屋は儲かるかもしれない」というようなことをネット動画でおっしゃっていたようです。

僕の考えでは、高級食パン専門店の軒数も増えてきてブームのピークを越えつつあるように感じます。爆発的に売れることを期待して1年以内に投資回収しようというオーナーにはおすすめできません。ですが、食パンは主食なだけに確実に利益が出る商売だと思いますので、細く長く続けていくにはいいと思います。

そして、前提として言えるのは、**これからパン屋は、地域のコミュニティとしての役割を担っていくことになる**、ということです。

数ある飲食店でも高級なフレンチレストランやストイックなラーメン店に来店するお客様の層は限られますが、その点、パン屋は老若男女を問わず、みんなが来店できて、誰でもおいしく食べられます。過疎化で悩む地域にとっても、パン屋は新しいコミュニティの場としての役割が期待できるのです。

商売において重要なのは、もちろん「儲け」でもありますが、それ以前に基本的な「哲学」がないといけないと僕は思っています。「儲ける」ことも重要ですが、「おいしいパンを食べてもらう」「地域を活性化する」……そんないろいろな部分のバランスが取れていないと、長く続く商売はできません。今回、新型コロナの非常事態でも、地域との絆や人脈に助けられているお店と、そうでないお店は分かれているのではないかと思います。

人や地域との絆を作る取り組み

「パン屋で街を元気にします」。それは僕たちにしかできない地方創生のやり方だと思っています。人気店を作って街に人を呼ぶだけでなく、パン屋の開業を通じて雇用を生むこともできますし、税金を払うことで地域に対して貢献できます。

僕たちが目指しているのは、こうした地域活性化に結びつく商売なのです。

ＪＢＭ（ジャパンベーカリーマーケティング株式会社）では、こうした考え方を推し進めて、２０１８年11月に「山陰プロジェクト」という企画を立ち上げました。日本でもっとも人口が少ない鳥取県と島根県でパン屋を4店舗開業し、地方を活性化しようという取り組みを実施しているところです。

さらにブランドと店舗運営が確立するまでを僕たちが担当し、経営が軌道に乗ったあとは新たなスキームの事業として、地元企業に売却しようという「ベーカリーお譲りしますプロジェクト」をはじめました。

これは、**ベーカリー業界では前代未聞の画期的なプロジェクトだといえるでしょう。**過疎化が進む地方の街を、パンの力で元気にしますというプロジェクトは、鳥取に高級食パン専門店「もう言葉がでません」をオープンすることからはじまりました。

店のショッパーには、ピンクをバックにして男性のイラストが描かれています。しかしよく見てみると、彼が着ている服にはたくさんの鳥取の名産品や名所が描かれています。鳥取砂丘、二十世紀梨、ハタハタ、松葉ガニ、大山……。これも「地

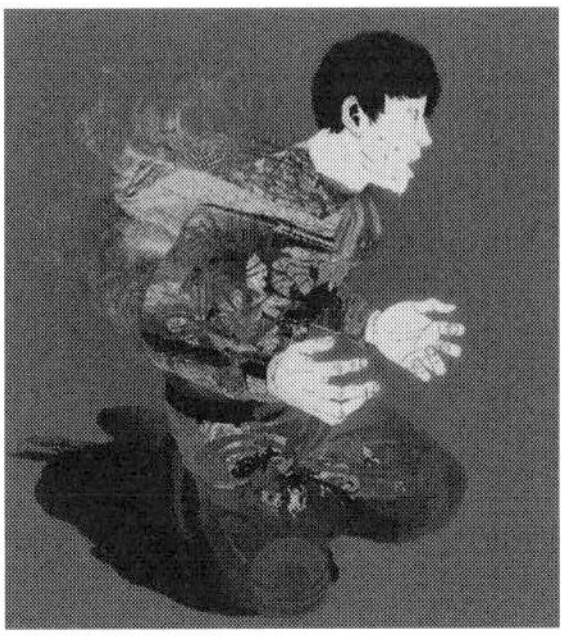

もう言葉がでません

域」にこだわった演出です。
店を軌道に乗せたあとは、「街を活性化させる」という理念に共感してくれる地元企業や経営者が見つかり次第、店舗を譲るというプロジェクトでしたが、おかげさまで連日行列ができる大盛況。オープン後すぐにパンが完売してしまう人気店となった「もう言葉がでません」は、開店から2カ月ほどで正式譲渡が決定しました。

目先だけのおいしい話ではなく、こうして人や地域との絆を作っていくことが、長い目で見たときに、結局自分を助けてくれる大きな力になると僕は思っています。

Advice

人や地域とつながるためにできることを考えよう

愛読者カード

■本書のタイトル

■お買い求めの書店名（所在地）

■本書を何でお知りになりましたか。

①書店で実物を見て　②新聞・雑誌の書評（紙・誌名　　　　　　　　　　　　　）

③新聞・雑誌の広告（紙・誌名　　　　　　　　）　④人（　　　）にすすめられて

⑤その他（　　　　　　　　　　　　　　　　　　　　　　　　　　　　　　　）

■ご購入の動機

①著者（訳者）に興味があるから　②タイトルにひかれたから

③装幀がよかったから　④作品の内容に興味をもったから

⑤その他（　　　　　　　　　　　　　　　　　　　　　　　　　　　　　　　）

■本書についてのご意見、ご感想をお聞かせ下さい。

■最近お読みになって印象に残った本があればお教え下さい。

■小社の書籍メールマガジンを希望しますか。（月２回程度）　はい・いいえ

※ このカードに記入されたご意見・ご感想を、新聞・雑誌等の広告や弊社HP上などで掲載してもよろしいですか。

はい（ 実名で可 ・ 匿名なら可 ）　・　いいえ

郵便はがき

141-8205

おそれいりますが
切手を
お貼りください。

東京都品川区上大崎3-1-1
株式会社CCCメディアハウス
書籍編集部 行

■ご購読ありがとうございます。アンケート内容は、今後の刊行計画の資料として利用させていただきますので、ご協力をお願いいたします。なお、住所やメールアドレス等の個人情報は、新刊・イベント等のご案内、または読者調査をお願いする目的に限り利用いたします。

ご住所	□□□-□□□□ ☎ ― ―		
お名前	フリガナ	年齢	性別
			男・女
ご職業			
e-mailアドレス			

※小社のホームページで最新刊の書籍・雑誌案内もご利用下さい。
http://www.cccmh.co.jp

僕が考えるプライス設定の原則

マーケティング術 6

100円のパンにも「哲学」が詰まっている

パンの価格についても情報を収集し、やはり、「コンセプト」と「ターゲット」に合わせた設定を意識しています。

これまでホテルのベーカリーや、中国では高級志向のパン屋を手がけてきましたが、それぞれ基本的な価格設定に基づいて、コンセプトとターゲットを見極めた上で適正な価格をつけていました。

以前、僕が勤めていたホテルのレストランで一番高い料理は、1万5000円のコース料理でした。ちなみに、一番安い料理はホテル内にあるベーカリーのパンで、1個100円でした。

しかし、値段に大きな違いがあっても、それを作ったシェフたちが一緒に話をしているのを聞いてみると、みんな自分の料理にかける情熱はまったく変わりません。 高級フレンチもベーカリーも、みんな同じ土俵で、同じ作り手として話をしているのです。

それなのに、1万5000円払わなければ食べられないものもあるし、100円で食べられるものもある。1万5000円のフレンチでも100円のパンでも、なかに詰まっている「哲学」は同じ。「これはおもしろいな」と思いました。

この「気づき」が、僕がパン屋をはじめる一つのきっかけになりました。

コース料理を提供するようなフレンチレストランの場合、一日の来客数はだいたい20～30人くらいでしょう。しかし、パン屋は、小規模のお店でも一日に200～300人のお客様が来店します。

パン屋は、売っているパンを通じて、非常に多くのお客様に影響を与えることができるし、食べていただいたお客様に笑顔を届けることができる商売なのです。

お客様にいかに価格を安いと感じていただくか

高級ホテルでもベーカリーなら、誰でもリーズナブルな値段でおいしくパンを食べることができます。しかし、高級ホテルに宿泊したり食事をしたりするのは、限られたお客様に過ぎません。

そこで僕は、ホテルのベーカリーのようなパン屋がふだん生活している街にあったら、その地域の方々だけでなく、多くの人たちに喜んでもらえるのではないかと考えました。

最近では米派かパン派かといわれるくらい、パンという食べ物は食を下支えする食材になっています。**そういう意味では、贅沢なよそゆきのパンと日常的に食べるパンというカテゴライズができそうです。**

僕は自分がプロデュースするパンは、日常のパンのなかでもちょっと贅沢なパンにしたいと思っています。とはいえ、高級食パンだからといって、日常的な食パンの値段に対して、べらぼうに高い価格設定をすることは、かえって自分の首を絞めることになりかねません。

最近では、1000円を超えるような高級食パンがどんどん出てきているようです。ただ僕にとってパンとは、あくまで「日常のなかで、心のゆとりや付加価値を共有するためのもの」という思いが強くあるので、基本的には1000円でおつりがくるものとしてとらえています。

お客様に「少し高くても、おいしいパンを食べて生活を送りたいよね」と思ってもらえれば、結果的にそのパンを安く感じていただけるというわけです。

「お客様に、いかに価格を安いと感じていただくか」

これが僕のパンの価格設定の考え方の基準です。

Advice

お客様が納得する価格設定はできていますか？

爽やかさと濃厚さが魅力 納豆好きならお試しあれ！

「納豆にはご飯」という人が多いと思いますが、実はパンにもよく合います。パンは食パンでも構いませんが、僕のおすすめはバゲットです。

まずはバゲットにマヨネーズを塗り、シソを1枚のせます。納豆に刻んだトマトをよく混ぜて、青じそドレッシングを絡めたものをシソの上に乗せればほぼ完成。仕上げに細かく刻んだシソをトッピングすると、爽やかな香りが広がります。

マヨネーズや青じそドレッシングは油分があるので、さっぱりとしながら濃厚な味わいが楽しめますよ。

用意するもの

- バゲット……1本
- 納豆……1パック
- シソ……数枚
- トマト……1／2個
- 青じそドレッシング……適量
- マヨネーズ……適量

Column

シソ香る納豆サラダカナッペ

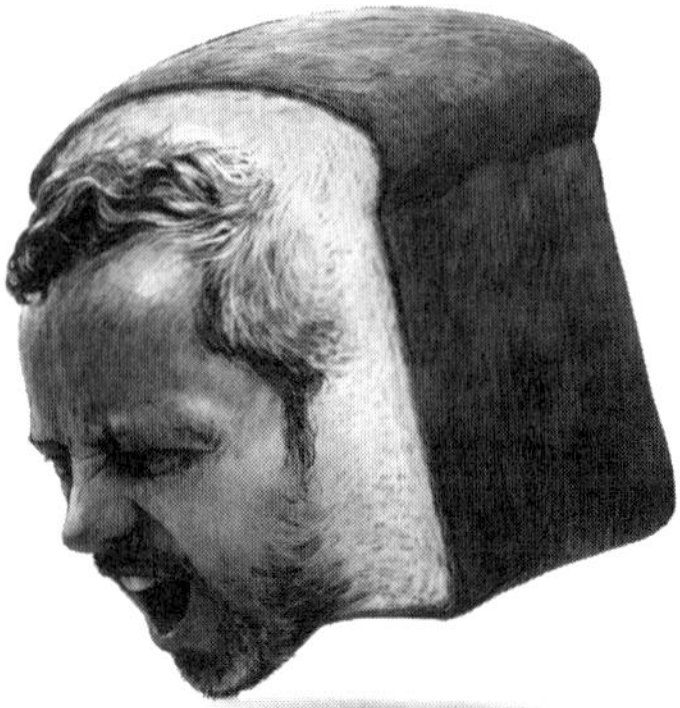

おい！ なんだこれは！

第3章

商品以上の付加価値を作る

岸本流ブランディング術

店名と売り方はわかりやすさが最重要

ブランディング術 1

まずは商品の本質を見極める

インパクトのある店名や、ユニークなロゴ、パン屋とは思えない店舗のデザイン。はじめて見た人がみんな「何これ!?」と思うようなブランディングは、僕のプロデュースする店の真骨頂でもあります。**しかし、それらはただ目立てばいい、と考えて作っているわけではありません。**ひと目見たら忘れられないようなインパクトのあるものにすることも大切ですが、それだけではない僕なりの「哲学」を込めたスタイルとして生み出しているのです。

第3章からは、その「岸本流　ブランディング術」についてお話ししていきたいと思います。

どんなお店にするか、どんな風に売り出すのかなどを具体的に考える前に、まずは自分のビジネスの本質に立ち返りましょう。

僕が作ろうとしているお店は「老若男女に愛される」「街を元気にする」パン屋です。

ですから、必然的にそこで販売するパンは通好みの特殊なパンではなく、食パンになりました。

高級食パンといっても、日常的に食べることができる商品であることに変わりはありません。僕にとって食パンは、老若男女に向けて作る、いわば大衆性を求められるものだととらえています。

日常から派生するプチ贅沢。高級食パンの存在意義はそこにあります。ほどよくささやかな特別感もあるので、ちょっとした手みやげにもぴったりです。基本的に、高級志向のパンを作ろうとか外国で流行っているパンを持ってこようとかいうつもりはありません。

ブランディングの軸も「コンセプト」と「ターゲット」

こうして自分が作りたいお店や扱う商品の「コンセプト」と「ターゲット」を明確にしたら、それを軸に店のスタイルを作り上げていくわけですが、作るのは、店名やロゴ、デザインだけではありません。

僕がこれまでプロデュースしてきた高級食パン専門店の多くは、路面店で、店内に入らずに購入することができます。商品はメイン1種類とそのバリエーション1〜2種類の計2〜3種類の食パンのみなので、店先で選んでオーダーするだけで時間もかからず気軽に買うことができるのです。何気ない日常のなかでおいしいパンをフラッと立ち寄ったお店で購入し、すぐ食べられる。これもヨーロッパのキオスクで買い物をするような**「ストーリー」を感じていただくためのブランディング**の一つです。

また売り方もそうですが、僕のブランディングの特徴として**ネーミング、デザイン、仕掛けなどすべてに共通して心掛けているのが「わかりやすさ」です。**

繰り返しになりますが、僕のビジネスのターゲットは老若男女すべてです。ですから店名にも小学生が読めないような難しい漢字や、外国語などは使用しません。ひらがなと簡単な漢字だけです。

知り合いから聞いた話ですが、小学校の授業で「好きなパンはなんですか？」と先生にたずねられた生徒が「『考えた人すごいわ』です！」と答えたことがあるそうで、子どもにもすぐ認知してもらえますし、結果的に広まるのも早くなります。

このようにブランディングには、ただ目立つ、今っぽい、オシャレといった表面的な考え方ではなく、自分の志から導き出されるセオリーが必要です。それがなければ、流行に乗っただけのすぐ忘れられてしまうお店になるか、奇抜なだけの近寄りがたいお店になり、一貫したブランドとしての魅力を持つことができないのです。

Advice

ブランディングは自分の本質を原点に考えよう

注目を集める

ネーミングの極意

ブランディング術 2

ネーミングに「ストーリー性」を持たせる

取材などで僕の話を聞きに来てくれた方にお会いすると、やはりまずは独特な店名についてよく聞かれます。ぱっと見なんだかヘンな名前だし、そもそも何を売っているのかよくわからないですよね。ですが、これも目立ちそうなワードを思いつきで適当に決めているわけではありません。

第2章のマーケティングのお話でも「クライアントのストーリーと掛け合わせた店作り」について触れましたが、**店名も同じようにクライアントのストーリーやお店のある土地柄などと結び付けて考えています。**

たとえば千葉県佐倉市。佐倉市があるのは、成田市と船橋市の真んなかあたりで、東京まで行くのに1時間ほどかかるところです。実際に行ってみると、盆地というか周りが丘陵になっていて、山に囲まれている地形でした。北側に行くと白井市で南側に行くと八街市。自然が多く静かな環境で、そのなかに約17万人の人口を抱えています。ここにパン屋をオープンするにあたって、あえてチラシを大量に撒いて、佐倉市をざわつかせようという戦略を立てました。

そこで店名を「街がざわついた」にしたら、インパクトがあるのではないかと考えました。**佐倉市という場所は、交通網的な観点から見ても人の流入が多くはない土地柄なので、こういう店名が効果的と踏んだのです。**

一方、群馬県太田市の場合は、関東平野に位置しているので、周りはだだっ広い平地です。佐倉市とは対照的に非常にオープンな環境で、いろいろなところから人が流入します。そのため、一つの「街」としての意識は高くないかもしれません。近くに高速道路網が発達していて、どこへでも行きやすい地域では、佐倉市のときのようなネーミングはしません。

そこで太田市にあるパン屋は「なま剛力スタジアム」という店名にしました。パン屋の店名で「スタジアム」は意外だと思いますが、ライブ会場のような動きのあるお店にいろいろな土地の人々に集まってほしいという思いを込めたのです。ちなみに、「なま」は生地の柔らかさを、「剛力」は力強さを表現しています。

こうしたストーリーと結び付けてネーミングすることで、最初のインパクトを与えるだけでなく、**お客様がお店を訪れて街の空気を感じたときや、パンを味わっていただいたときに、「こういう意味だったのか」と気づいてもらえると、その後も印象に残ります。**また、店名と一緒に街の景色やパンのおいしさを思い出していただくことで、また行きたい、食べたいと思ってもらえるのです。

情報の親和性と伝達ルートを押さえる

実は情報の親和性には地域差があります。

東京の情報は、仙台と福岡では親和性が高いです。一方、名古屋と大阪は「自分たちの文化」という意識が強いので、意外と入り込むのが難しかったりします。東京で売れているものを仙台に持っていけば、売れ行きも早い。

仙台市の「考えた人すごいわ」の情報を東北に広めようとすれば、中心になる仙台から派生して盛岡、山形へと伝わっていきます。

2020年3月、「考えた人すごいわ」の系列店として、青森県八戸市にパン屋をオープンしました。店名は「本物はすごかった」です。これは「考えた人すごいわ」へのオマージュであり、インスパイアされたネーミングです。こうしたちょっと共通点がある名前をつけると、「仙台からすごいパン屋の系列店がやってくる」ということで、八戸市が盛り上がります。

もちろんクライアントさんがこだわりを持って、特性を加えてほしい場合には、それも加味して考え出します。自分の肌感覚を信じて、店のネーミング一つについても緊張感を持って決めているのです。

Advice

商品にまつわるストーリーから印象的なワードを探そう

ブランディング術 3

主力商品はa・i・k・oさんがお手本

商品開発は「大衆性」を忘れてはいけない

音楽好きの僕ですが、日本で好きなミュージシャンを挙げるなら、桑田佳祐さん、尾崎豊さん、ａｉｋｏさん、バンドのマキシマム ザ ホルモンなど。一見共通点はないように思われるかもしれませんが、みんな歌謡曲をベースとした方たちで、非常に聴きやすいのです。

僕たちの作るパンも、彼らの音楽と一緒で、大衆性というものを意識しなくては成り立ちません。**そして大衆性を意識しつつも、付加価値として「自分たちらしさ」をどれだけ築き上げられるか、ということを大切にしています。**

大衆から支持されるということは、老若男女を問わずたくさんの方から支持されているということです。僕もヨーロッパに行って、「パン・ド・ロデヴ」とか「カンパーニュ」といった本場のパンとたくさん出会ってきました。どれも素晴らしいパンでしたが、ではこれらのパンを日本の食卓に浸透させることができるかというと、なかなか難しいと思います。

パンの大衆性を考えたときに、お客様に僕たちの考えを押しつけるのではなく、もともとのベースになっているものを、どれだけ色づけできるかが重要だと思っています。

天動説か地動説かというような話で言えば、自分が中心になって世界が回るのではいけない。**あくまでお客様のニーズを中心に僕たちが回る。つまり、地動説でなくてはいけないと思っています。**

大切なのは「大衆性」＋α

では、ａｉｋｏさんの音楽を、僕たちの商品開発にどう参考にさせてもらっているのかというと、彼女は歌っているときに、あまり肩ひじ張っていません。

これはあくまで僕の感想ですが、いわゆる歌姫のような歌い上げるタイプのアーティストの歌を聴いていると、ものすごく力が入っているなと感じてしまいます。ドラマチックさを求めているときにはいいのですが、日常的に聴くには少し疲れてしまう。

パンにたとえるなら、毎日食べるには飽きてしまうんです。その点、ａｉｋｏさんは、ちょうどいい具合に力が抜けていて、ずっと聴いていても飽きないし疲れません。

僕が目指しているのは、聴き飽きないａｉｋｏさんの楽曲のように、毎日でもおいしく食べられて長く愛される商品です。

ですから、僕はあまりバターを強くきかせたパンは作りません。ケーキ屋さんが作るパンに多いバターをふんだんに使ったパンは「おいしいな」と思うのですが、意外と飽きるのも早いのです。日常がベースにあるからこそ、飽きられないパンの味を追求しています。

また、そのなかでも風味と食感のバランスは、いつも意識しています。基本的にうちのパンは、食べるとほのかに甘くて、口どけがよく、口のなかがパサパサしないみずみずしいものとなっています。

味覚のなかでも甘味は、苦味や辛味と違って元来人間にとってエネルギーとなるものが持つ味なので、生物的に不味いと感じる人は少ないという説もあるほど、僕たちにとってベーシックな味です。そこにプラスして、口のなかが乾きにくいしっとりとした食感へのこだわりは、大衆のニーズにお応えしつつ、僕らしさを落とし込んだ究極の商品になっていると自負しています。

飽食の時代である今の日本のお客様たちは、おいしいものを食べ慣れていますから、いくらデザイン性の高いお店や派手な話題を作っても、商品の質がイマイチであればすぐに離れていってしまいます。

主力商品においては、大衆性を意識したなかで、プラスアルファの付加価値を作り出す努力が欠かせないでしょう。

Advice

大衆から愛される要素を深掘りしよう！

誰かに
見せたくなるような
「デザイン」
こそが大正解！

ブランディング術 4

クセになるほど目立つショッパーを

ブランディングにおいてデザインは、その店のスタイルを表現する重要な役割を担います。そのため僕は特にショッパーのデザインにはかなりこだわっています。パンを持って帰ってもらうだけだったら、普通のビニール袋だっていいかもしれません。ですが、**デザイン次第でショッパーは僕たちが商品に込めた想いをお客様に伝えるコミュニケーションツールになってくれるのです。**

僕がプロデュースしたパン屋のショッパーは、あしらわれたオリジナルのイラストとロゴがかなり目立つ仕様になっています。

たとえば群馬県高崎市にある「まじヤバくない？」のショッパーには、群馬県の形の顔をしたおじさんが、親指を立てて「グー」のポーズをしたイラストが描かれており、その下に「ＹＥＳ！　北関東」という文字。なぜそのようなデザインになったかというと、この店のコンセプトが「北関東を盛り上げるベーカリー」だからです。

また、埼玉県にあるお店「モノが違う」のショッパーは、ピンクとイエローという派手なカラーがあしらわれ、「違うでしょ。」といいながら土俵に立つ、関取に扮した食パンのキャラクターが描かれています。ちょっとびっくりしてしまいそうですが、よく見ると愛嬌があってかわいいキャラクターです。

今時っぽくないイラストに一見ダサいと感じるかもしれませんが、僕の持論では、**ダサさを追求し続けると、突き抜けたときにかっこよさが出てきます。**そして僕はそのセンスを自分のスタイルとしてとても大事にしています。表も裏もほ

モノが違う

まじヤバくない？

かにはないセンスのイラストやロゴが入っていて、持って歩くととても目立つショッパー。

最初は「持つのが恥ずかしい」という声もありましたが、だんだんと「あの店の袋だ」「あの店で買ってきたんだね」と目印になり、理解していただけるようになりました。印刷費用を抑えるためにもショッパーにはカラフルなデザインをしない店は多いですが、**その袋を持って歩くこと自体がちょっとワクワクする体験となり、つい周りの人に話したり、見せたくなったりするものです。**それはお客様の心を動かす一つの要素になります。

ショッパーは作り手からお客様へ想いを伝えるコミュニケーションツールであり、お客様からさらに周りの人へ口コミを広げてくれるプロモーションツールともなり得るのです。

Advice

表現することを楽しもう!

売り物は
「商品」だけじゃない。
「体験」を含めて
買ってもらう！

ブランディング術 5

五感に訴えるワクワクを演出しよう！

「ワクワクするような楽しい体験を売るパン屋があったら、地元の人に愛されるのではないだろうか？」と考えて、今に至ったのが僕のビジネススタイルです。

ですから僕は、自分の店を持ったときから**「パンを買ってもらう」ということは「スタイルを含めて買ってもらう」ということ**だと考えています。つまり、「パンを通じてライフスタイルをいかに演出するか」というのが、お客様に喜んでもらうために重要なことなのです。

もちろん、普通のパン屋のようにテーブルに並べられた多種多様なパンを選んで買うだけでも、「楽しい」という気持ちは少なからずあると思います。でも、それだけでは「ワクワクする体験」とは言えません。

僕が最初にオープンした頃の横浜市大倉山の「ＴＯＴＳＺＥＮ ＢＡＫＥＲ'Ｓ ＫＩＴＣＨＥＮ（トツゼンベーカーズキッチン）」では、パンを高級品のように中間照明で照らし、販売員はスーツを着用してホテルベーカリーのような接客をしていました。商品単価は200〜300円くらいからで一回の買い物の客単価は2000円を超えることもザラでした。「パンを買う」という日常的な出来事を軸にしながらも、2000円前後の客単価でお土産として利用するなど、非日常的な雰囲気を味わっていただきたいと思ったのです。そして、パン屋に行って普通にパンを買うだけではなく、楽しさや憧れを感じていただき、さらに、その店で買い物すること自体が楽しく、周囲の人に話したくなるようなストーリーを演出しようと思いました。そのために印象的な店名や内外装、商品の陳列の仕方、ショッパーに至るまで、徹底的にこだわりました。

店内に入って大きな感動もなく、どんなパン屋だったか思い出せないような店では、お客様は何度も通いたいと思うことはありません。

「あの店に行くといつも楽しいことがある」という店に対する信頼感が、またお客様を店に呼び込むことにつながります。

スタッフの「声出し」でお店にライブ感を演出

あるとき、僕が行った地方のパン屋でこんなことがありました。

お店に入ってみるとアルバイトらしき高校生くらいの子が、「早く早く」とせかされるように、必死な様子でパンを梱包していました。僕には気づいていないようで、挨拶もありません。これではせっかく来店したお客様をがっかりさせてしまいます。

そこで僕がスタッフに徹底してもらっているのが「声出し」です。**スタッフの元気のいい声が生み出す「ライブ感」をお客様に体験してもらうことで、「ここのパンはおいしそう」という気持ちを持ってもらうのです。**

発想のヒントになったのは魚市場でした。魚市場へ行くと、あちこちから威勢のいい声が聞こえてきます。あの声って、とてもワクワクしませんか?

僕のパン屋でも、お店の雰囲気を作り出すDJのようなスタッフがいて、パンをオーブンに入れてから店頭に出すまでの間、大きな声で実況中継をします。DJは厨房だけでなく、パンを持って売り場に出て、お客様の近くで、「〇〇産の豚肉を使った、肉厚ジューシーなカツサンドがアップしました！」と、パンのキャッチコピーとともに、パンのできあがりを大きな声で店内にお知らせします。そして、ほかのスタッフたちもＤＪに合わせて、大きな声を出す。これこそライブ感覚。**お店にライブ感やグルーヴ感があると、お客様は必ず興味を持ってくれます。**

レストランでもお客様から厨房がよく見えるオープンキッチンになっているところがあります。パン屋もそれと同じで、スタッフの動きがよく見えると、お客様がワクワク感を持つきっかけになるのです。

コミュニケーションこそが信頼を生む

また、僕は**「5秒間、必ず一人ひとりのお客様と向き合って話しなさい」**ということもスタッフに言っています。

そしてお店のスタッフがお客様に何らかの質問をされたとき、それに対して正確に答えられるのはもちろんのこと、聞かれたことについてプラスアルファの答えができれば、よりお客様の興味や関心を惹くことになりますよね。

たとえば「このパンはどんな材料を使っているの?」と聞かれたときに、その食材を答えるだけでなく、味わい、生地の特徴、おいしい食べ方などを伝えられれば、お客様の「お得感」が増し、店の信頼度も高まります。

ただし、こういった接客は正確な商品知識を持っていないとできません。そのためには、定期的にシェフやスタッフが集まってパンの試食会を開くことが必要になります。

お店のスタイルを作り上げるのは目に見えるものだけではありません。匂い、音、空気、五感で感じられるものすべてが体験を生み出します。

お客様といかに楽しい「体験」を共有できるか。コミュニケーションによって、日常にちょっとした幸せを提供しようという心構えがあるとないとでは、お客様がお店に対して持つ印象はまるで変わってきます。

Advice

お客様と一緒に、自分も楽しもう!

お客様を飽きさせないのが「商い」だ！

ブランディング術 6

「三日・三カ月・三年」の壁を越えられるか

「TOTSZEN BAKER'S KITCHEN」をはじめた頃、店は順調に売り上げを伸ばしていき、僕は有頂天になってしまったことがありました。

ところがオープンして三カ月経った頃、はじめて売り上げが下がりました。たまたまその日は雨が降っていたので、「天気のせいだろう」と考えていたのですが、売り上げはその日を境に、どんどん下がっていったのです。慌ててお店の経営数値を下方修正し、そのときは地元のフリーペーパーに店の記事が掲載されたことで人気が再燃し、窮地を脱することができました。

世間ではよく「三日・三カ月・三年」と言います。これはもともと芸事の修業などの心構えを表す言葉です。

「三日我慢できれば三カ月は耐えられる。三カ月頑張れれば、三年は耐えられる。三年頑張れれば、一生耐えられる」という話を聞いたことはありませんか？

商売でも同じようなところがあって、どのお店もオープンして三日目まではお客様もたくさん来てノリノリになり、四日目で少し冷静になります。三カ月経つと第一次商圏（顧客が、週に複数回来店する可能性がある範囲）のお客様が一巡して、ちょっと飽きられてくる頃です。そして三年目で、このまま店を続けていくかどうか岐路に立たされるというのが、多くのお店がたどる道です。

僕も一度はたどった「三日・三カ月・三年」の道。

はじめてパン屋を目指す人も、既存店の方も、**大事なことは、「経験者だからできる」あるいは「未経験だからできない」ということではありません。商売に真摯に向き合い、お客様を楽しませることができる人こそが、商売をする価値がある、ということなのです。**

もしあなたもビジネスにつまずくことがあれば、まずできるだけ多くの人の意見を聞いてみてください。たくさんのお客様や取引先とのコミュニケーションを深めることです。

僕の場合は、仕事の案件でもなるべく食事の場を設けて人と話すことにしています。食事を楽しみながら話をしているうちに、会議室や堅苦しい場所で話し合ってもなかなか出てこないアイデアをもらえるかもしれません。**人の本質は、食事のときなどの何気ない会話のなかから見えてくるものです。**

会議室での打ち合わせとなると、どうしても「余談なんかできない」という雰囲気になりがちです。しかし、それと同時に素を相手に見せることで、信頼関係を強固なものにできると思います。

生き残れるお店の条件とは?

ではこの先、生き残っていけるのは、どんなお店でしょうか。

現代は情報の伝播力が強くて、トレンドの移り変わりのスピードが非常に速いのが特徴です。10年以上にわたって一つの商売をやり続けるのは、難しい時代と言ってもいいでしょう。

ですから今は、あまり初期費用をかけない店を作るほうがいいと考え、僕たちのクライアントに対しても抑え気味にしています。投資回収をするにしても、早いに越したことはないです。

また最近では、特に機械の進化が目覚ましく、利便性が上がっています。**商品の質が保てるなら、これまでの手法にこだわらず、機械を利用して効率化を図るのも有効な手段だと思います。**

昔から「商い」とは、お客様を「飽きさせない」ことだといわれています。

三カ月目で売り上げが落ちてくるのを予想して、二カ月目あたりから次の月の落ち込みを抑える施策を考えておくなど、「三日・三カ月・三年」の壁を越えるには、一歩先を見て先手を打っておく心の余裕が大切です。

ちなみに、僕は常に先手を打とうと考えていて、今後はカレーパンビジネスを始動させようと思っています。食パンは毎日食べる日用品ですが、カレーパンは嗜好品。文字通りたしなむものです。毎日でも食べたいかというと、そんなことはありません。

食パンのように専門店を出すのか？　地方に展開するのか？　商品単体のプロデュースをするのか？　いろいろ方法はあるなかで、僕が決断したのは、キッチンカーを使ったショップ展開です。言ってみたら、さお竹屋さんとか、焼き芋屋さんに近いかもしれません。

それからもう一つ。第1章でも触れた非常食ビジネス。乾パンならぬパンの缶詰です。非常事態でもおいしいパンが食べられたら、みんな笑顔になってくれると思い、スピードを上げて全力で開発中です。

また、パンの宅配サービスなども考案しています。

これからも、お客様を飽きさせない。そういったビジネスに真剣に取り組みたいと思っています。

Advice

たゆまぬ努力こそが実を結ぶ

メープルナッツ
フロマージュ

Column

用意するもの

カンパーニュ（トースト）	1切れ
マスカルポーネチーズ	適量
ミックスナッツ	適量
メープルシロップ	適量
塩	適量

香ばしさと甘さが楽しめる絶品トーストはいかが？

惣菜パンよりも、お菓子のような甘いパンのほうが好きという人に試していただきたいのがこのレシピ。

噛めば噛むほど素朴な味が楽しめるカンパーニュに、マスカルポーネチーズやミックスナッツをのせ、メープルシロップ、塩で味つけします。

数あるチーズのなかで、マスカルポーネチーズを選んだ理由は水分量の多さです。カリッとトーストしたカンパーニュに、ほどよく滑らかさを与えるだけではなく、コクや甘みを与えてくれるんです。

最後に塩を一振りすると全体の味が引き締まるのでお忘れなく！

どんだけ自己中

第4章

ウワサがウワサを呼ぶ仕掛け方

岸本流プロモーション術

スローガンは作る・売る・広める

プロモーション術 1

「広める」ことの重要性

僕の会社であるJBMでは、「パン屋で街を元気にします」というコンセプトを達成するために、「作る・売る・広める」をスローガンとして実施しています。

これは**「作る＝製造」「売る＝販売」「広める＝店の存在を周知する」という三つを必ず三位一体で進めていかなければ盛り上がりのあるビジネスは展開できない**ということです。

そのなかでも、特に「広める」は職人気質のパン屋さんや、真面目なモノ作りを仕事にしている方に苦手な人が多いです。いい商品を作ることに一生懸命になること自体が悪いことではないのですが、「作る」ことにこだわりすぎるあまり時間が足りなくなり、「広める」ことに対して手が回らなくなってしまうと、売り上げの向上は見込めません。

ただ逆に、広めることを意識しすぎて、商品をもっとこうしたほうが情報誌に取り上げられやすいとか、広告ウケを狙ってビジネスの核である部分を変えてしまうのも本末転倒です。

第4章では、そこのバランスの取り方も含めて、僕のこれまでの経験から「広める」プロモーション術についてお話ししていきたいと思います。

最近では、「広める」というとイコールSNSをどう活用するかという話になりがちです。ですが僕の場合は、お店がSNSの運営に力を入れるというよりも、**お客様にお店を気に入っていただいた結果、SNSや口コミで誰かに教えたくなって拡散されていく流れを生み出すことに重点を置いています。**

「新商品が出ましたよ」とか、「今日は何時に焼きたてのパンを販売します」などとお客様にお知らせするためのアカウントはあったほうがいいと思いますが、フォロワー数を増やすことや、インプレッションといったSNSの数字に一喜一憂することはあまり意味がないと考えています。

あくまでプロモーションも商品やお店作りが主体で、自分のなかのコンセプト（僕の場合「パン屋で街を元気にします」）を実現するための手段の一つとしてとらえるのがいいでしょう。

プロモーションの鍵も「相手を楽しませる」こと

第3章のブランディングの話でも、商品だけでなく「体験」を売ると書きましたが、プロモーションに関しても同様に、お客様に「楽しい」と感じてもらえてこそ広がりが生まれます。

そのためには、繰り返しお伝えしているように、自分のなかに「感動した経験」のストックがたくさんなければ、広がるプロモーションにはなりません。僕自身も居酒屋やミュージックバーなど、他業種のお店になるべく足を運ぶようにして刺激をもらっています。**「常にお客様を楽しませる」という視点さえあれば、店の外観、インテリアから、ショッパーや店員さんの接客まで、そのすべてが工夫次第で最強のプロモーションツールになるのです。**

Advice

街に出て刺激的な体験をたくさんしよう！

ギャップが話題を呼ぶ！

プロモーション術 2

お店自体が広告塔になる！

ただ商品を売るだけの場所ではなく、プロモーションツールとしての役割も果たしてくれるお店作りについてお話ししていきたいと思います。

僕のプロデュースしているお店は、一見「なんなの、この店？」とお客様に思わせておいて、なかに入ったらしっかりとしたサービス、さらにパンを食べていただいたらおいしさへの驚き。そんなギャップをたくさん盛り込んで、一つのエピソードを形成するように、お客様の体験をトータルで設計しています。そしてその体験が感動となってお客様の心を打つとき、口コミは自然と反響を呼ぶのです。

ギャップをたたみかけろ！

具体的な例として、千葉県市川市に２０２０年１月にオープンした「だきしめタイ」

をお客様の視点を交えて見てみましょう。

全体的にショッキングピンクの外観に、大きなのれんで店内が隠れ、看板に取り付けられたネオンがキラキラしています。店名は大きく「だきしめタイ」と書いてありますが、何が売っているのかわからず、見るからに怪しいです（笑）。

怪しい見た目ですが、行列でお待ちいただいているお客様にはお茶をお配りしたり、ホスピタリティのあるフォローは忘れません。

そして、なかに入るとまた店の印象はがらっと変わります。まずは左手の壁一面に描かれた女性と猫の大きな壁画に驚きます。そして照明は豪華なシャンデリア。右手の壁には実際にタイを旅して撮影してきた写真たちがディスプレイされ、棚にはタイの空気を思わせる雑貨が並びます。こうした要素から非日常の世界に迷い込んだようなワクワク感をたっぷり味わっていただけると思います。

そして、パンを購入すると独特な食パンのキャラクターが描かれたカラフルなショッパーに、香り立つほかほかの食パンを入れて手渡されます。先ほどの店内の壁画も、このショッパーのイラストも、僕がタイを旅して衝撃を受けたタイ人の若いアーティストに依頼しています。ショッパーはよく見ると片面にはタイを思わせる象や神様、もう片面には日本の神様やだるまなどが描かれていて、タイと日本の文化の違いと親和性について想像を膨らませるデザインとなっています。

また、肝心の商品である食パンもココナッツシュガーを使用しており、ほんのりと香るココナッツがタイカレーなどから連想されるタイらしさを表現します。

お客様にご提供するサービスはここで終わりではありません。さらに当店のパンのおいしさの秘密と、毎日のパンをおいしく食べていただくための保存法と食べ方を書いた冊子をアフターフォローとしてお渡し

だきしめタイ

しています。

店の外観をプロローグとするなら、非日常的な空間で食パンを購入し、家で味わうまでのエピソード、アフターフォローのエピローグ、そして次にまた買っていただいたときに完結するというストーリーになっているのです。

外観の「これ、なんだろう」という興味からのギャップ！　ギャップ！　ギャップ！　いい意味の「裏切りの連続」で、お客様の予想を上回る驚きと楽しさを提供したいという僕の想いを形にしたところ、結果的にネット上でレビューや来店レポート、インスタグラムにも、店内外やショッパーの写真などをたくさんアップしていただけるようになりました。

Advice

いい意味での「裏切り」を取り入れてみよう

外観と店名の賞味期限は一日

プロモーション術 3

プロモーションはあくまで手段

前の項で「だきしめタイ」を例に、タイをテーマとして一貫させた体験型の店作りについてお話ししました。お客様に感動していただくために店名のネーミングから外観、インテリアまで徹底的に演出するわけです。

しかし、一人のお客様にとってこれらの要素がもたらす驚きは最初の一回だけです。店のデザインや雰囲気が気に入ったので何度も来店したい、と思ってくれるお客様もいるかもしれませんが、驚きやギャップという意味では一回しか効果を発揮しません。**流行に乗って開店したSNS映えをねらったお店が長続きしないことが多いのはこのためです。**

ですから、そこから長くビジネスを続けていくためには、「お客様がおもしろいと思ってくれるのは最初のうちだけで、あっという間に飽きられてしまう」というシビアな現実も受け入れて、「本質」の部分で勝負していくしかありません。

プロモーションはあくまで本質を広く周知するための「手段」です。それ自体が本質にはなりえません。

「この商品はあの有名モデルが使っているから輸入して販売すれば話題になる」「これを作ればあの人が宣伝してくれるから売れる」といったプロモーションありきのビジネスがすぐに失敗してしまうのは目に見えているでしょう。

いくら効果的なプロモーションが打てても、本質に中身がないのでは商売としては成り立ちません。

美人は3日で飽きる

パン屋にとっての本質の部分とは、もちろんパンの味です。これは上質な材料を使いなさい、とか、他店よりも少しでも多く手間暇をかけなさい、ということではありません。

毎日食べても飽きがこないように、「主張しすぎない味」にすることが大切です。

パン屋に限らず、ビジネスをするときは、この本質の部分が、いかにお客様に飽きられず、やっぱりここの店のじゃないと、と思ってもらえるかの見極めが重要です。

この視点を持たずに「これは100点満点のとんでもなくいい（おいしい）ものだ！」と感じたからといって、それをすぐに売り物にするのは危険だと言えるでしょう。**どんなジャンルであっても美人は3日で飽きてしまうものです。**

おまけや値下げはその場しのぎにしかならない

また、お客様に飽きられて売り上げが落ちてきたときによくある対策が、おまけをつけたり値下げをするというものです。ですが、そういった対策は、一時しのぎにしかならないと僕は思います。たとえおまけをつけても安くしても、お客様はそれにもすぐ飽きてしまうでしょう。

例え話として、あるパン屋が食パンの売り上げが落ちてきたので、いちごジャムをおまけにつけたとします。最初は、しばらくそこで食パンを買っていなかったお客様も、目新しさとお得感に惹かれてまたそこで食パンを購入するようになるかもしれません。ですが、やはり数カ月するとそのジャムのおまけも当たり前になり、買いに来てくれなくなってしまいました。焦ったパン屋は、今度はジャムを2個つけることにします。だからといってお得感がなくなっては意味がないので、値段はあまり上げられません。するとまた一瞬はお客様が戻ってきてくれるかもしれませんが、そこからは同じことを繰り返すしかありません。しまいにはジャムでは物足りず、キャビアやフォアグラまでつけなければならなくなってしまいます。

もうおわかりだと思いますが、これでは商売になりませんよね。値下げについても同様で、どこかで限界が来てしまいます。

お客様との関係を強化して本質をいかに伝えるか

では商品が売れなくなってしまったらどうしたらいいのでしょうか。

本質は何かを足したり引いたりすることで強化することはできません。ですが、**本質をもっと伝えるための努力はできます。**

つまり、**お客様との関係性を強化するということです。**毎日のなかで当たり前のパンをどれだけおいしく届けるかということに対して、お客様との信頼関係を築くのです。

ですから、さきほどのパン屋のようなケースは、僕だったら「お客様と世間話をしなさい」とアドバイスをすると思います。大切なのは、実際に世間話をするかしないかということよりも、お客様と対峙するだいたい5～30秒のなかで、どんな関係を築けるかです。お客様一人ひとりを見極めることがすごく大切になってきます。

これはどんな会社やビジネスマンでも一緒です。**本質を理解してどれだけその想いを伝えられるか、自分たちが作った商品をどんな風にお客様の心に響く形で届けられるか**が一番大切であり、長く続く秘訣です。

Advice

お客様と対話をしよう

POPはあなたの想いを伝えるメッセージボード

プロモーション術 4

POPは「会話するツール」

POPとは「ポイント・オブ・パーチェス」の頭文字をとったもので、購入時点という意味です。つまり接客の代わりであり、お客様とのコミュニケーションの代わりになってくれるものという意味です。

先ほどお話ししたように、お客様との関係性を強固なものにすることは、ビジネスの本質を伝え、お客様に知ってもらうためにとても重要なことです。

ですから、POPとはいえ、ただ商品を紹介するためのものではなく、「これをご存知でしたか?」とお客様に問いかけ、知識や意識を変えてもらうツールとして活用しましょう。

POPはお客様とスタッフをつなぐものです。

とはいえ、POPだけいいものを作って満足してはいけません。ビジネスをする上で、あくまで役割の一つを担うものです。

お客様が来店するときは、まず店の外観を見て「わっ、これはおもしろい。どんな店なのだろう」と思います。しかし、いざお店に入ってみると、ホテルのベーカリーみたいな内装になっている。次にＰＯＰを見ると、発酵バターを使っている、奄美諸島のめったに取れない砂糖を使っている、ということがわかります。

「これはいいな」と思い買って帰ろうとすると、「なんだ、この派手な袋は」と驚く。変な袋だなと思って、食べたらすごくおいしい。

このようにお客様の来店時の体験に凹凸のリズムをつけると、ＰＯＰの情報がより効果的に効いてきます。**凹凸の流れがあって初めて、ＰＯＰという舞台装置は大きな役割を果たすのです。**最初からオシャレな店が、発酵バターや奄美諸島の砂糖を使っていても、「さもありなん」ですからね。

ＰＯＰ一つとってみても、店作りの一部として戦略や戦術を立てて使用するとよいでしょう。

POPで「自分の体験」を伝える

パンではなく、本の場合はどうでしょうか。最近では本屋さんではなくネットで買う人が増えて、実店舗に行くのはよほど本好きな人なのかもしれません。ただ、書店にあるPOPは、本を選ぶ際に大きな役割を果たしていると思います。それはなぜかというと、売り場にもよりますが、本の場合は客観的な事実や情報よりも、「書店員も読んで、大粒の涙を流しました」など、書店員さんの感想が書いてあることが多いからです。

つまり、お客様に対して自分の体験だとか想いを伝えるメッセージになっているのです。

パン屋に関していえば、たとえば「店長も朝食で愛用しています」ということもできますし、僕がよくやっているのは、パンをよりおいしく食べられるもの、たとえばジャムや一緒に食べるとおいしいものなどを紹介するようにしています。

あるいは客観的な事実を伝えるにしても、ただ単に「宮古島の雪塩を使用しています」と書くよりも「宮古島では知らない人はいないほどおいしい雪塩を使用しています」など、少しでも書き手が体験して得た情報が入っていたほうが伝わると思います。

パンの新たな魅力を引き出して商品を作ったら、それをお客様に気づいていただかなくてはなりません。それを伝えるのもＰＯＰの力だと思っています。

ちなみに、商品名にもＰＯＰと同じ効果があります。商品名を当たり前のようにただの「食パン」とするのは、せっかくのお客様に伝えるチャンスを捨てているようなものです。僕の場合は、どんな食パンなのかを伝えるようにしています。

僕は、素材一つひとつを妥協せずにとことん追求して作ったパンに対して、シンプルに「自己中な極み」という名前をつけました。

キメ細かな小麦粉を厳選し、バターや生クリームで濃厚さを出しつつ、コーヒーの花から採れたはちみつを使ったこだわりの食パンです。焼き方も絶妙なタイミングを見計らっているので、フワフワの食感に仕上がっています。まさに自己中な極み。

どんなパンかは、商品名が物語っているというわけです。

Advice

POPではあなたの体験を伝えよう!

「まごころ」なくしてプロモーションは成功しない

水平飛行し続けるための燃料

お店を出すときのマーケティング戦略というのは、商売をする上では飛行機のジェット燃料のようなものだと思います。それはあくまで離陸する際の活力になるものであって、経営が安定して水平飛行になったら別の「燃料」が必要になります。

それが「まごころ」です。

これは単にきれいごとで言っているわけではありません。**経営が安定したときに求められるのは、よりまっとうなもの作り、まっとうな売り方をすることです。**お客様とのコミュニケーションの積み重ねをないがしろにして、小手先の宣伝広告やおまけ、値引きで戦おうとしてしまうと、長い目で見たときに必ず失敗してしまいます。

誰に、何を、どう伝えるのか

鹿児島県鹿屋市に「ジュリアンベーカリーファクトリー」という店をオープンした頃、こんなことがありました。

その日はありがたいことに朝から大勢のお客様にいらしていただき、人気のパンは、開店早々に売り切れてしまったのです。そのため、お昼過ぎには一時閉店しなければなりませんでした。

そんなとき、「本日、売り切れました」という張り紙を貼っておくだけでは味気ないと考えた僕は、お店の入り口にスタッフに立ってもらい、お客様に直接お詫びと説明をしてもらいました。

張り紙でも一時閉店していることと、再開時間は伝わります。**ですが、お客様と直接向き合ってコミュニケーションを取ることは、お店に興味を持っていただき、今回は望みの商品が手に入らなかったけれど「また来よう」と思ってもらえるかどうかの大きなポイントだったのです。**

プロモーションにおいても僕は同じスタンスが重要だと思っています。

商売の本質を理解して、「誰に、何を、どう伝えるのか」を考えることこそが、プロモーションです。

それは規模こそ違えど、店内のPOPといった小さなものから、街頭の看板、SNSの広告、テレビCMでも変わりません。ただの事実と情報を伝えるのは簡単ですが、そこには誠実な「まごころ」がないと、受け手には響きません。

今はお客様にとっても情報が豊富な社会ですから、お客様をないがしろにした、まごころのない商売はあっという間に見抜かれて相手にされなくなってしまいます。

逆にお客様を感動させるサービスは、SNSなどを通じて拡散されやすい時代でもあります。あえてそれをねらって何かしなさい、ということではないのですが、誠心誠意お客様と向き合っているビジネスこそが、今後ますます評価されるようになっていくと、僕は考えます。

Advice

ビジネスの根底にあるのは「まごころ」です

ふんわりジューシーな和風で大人な卵サンド

ご飯のおかずや酒の肴になるものは、パンにのせたり挟んだりしても大概おいしいもの。そのなかでも絶品なのが「だし巻き卵」です。

作り方はとっても簡単。生の食パンにマヨネーズと柚子胡椒で作ったソースを塗って、だし巻き卵を挟みます。あとは食べやすくひと口大にカットするだけでOK。

だしが効いた卵に柚子胡椒のピリッとした辛み、そしてマヨネーズが持つ濃厚な味わい。これらが柔らかいパンに挟まることで、食べたときに何とも言えない多幸感が口いっぱいに広がります。

用意するもの

食パン（生）	1枚
だし巻き卵	卵1個分
柚子胡椒	適量
マヨネーズ	適量

Column

柚子胡椒マヨのだし巻き卵サンド

迷わずゾッコン

第5章

型破りなビジネスを成功に導く

岸本流 チーム戦略術

異業種からの参入で業界に化学変化を起こせ！

チーム戦略術 1

まったく未経験でも店は開ける

最終章では、究極のゼネラリストを目指す僕が、取引先や従業員、さまざまな人脈と仕事をともにするなかで、いつも意識していることをご紹介していきたいと思います。上手く周囲を巻き込んでチームとして挑むことで、自分一人では決して成しえなかった壮大なビジネスにも、実現への光が見えてくるのです。

僕がプロデュースした店には、いくつかの特徴があります。その一つが「異業種からの参入」です。

「パン屋を開業するには、10年以上修業をしないと独立できない」というイメージがあるかもしれませんが、僕たちがプロデュースするパン屋を運営しているのは、ほとんどが異業種のクライアントです。

たとえば、第1章でも紹介した群馬県高崎市の「まじヤバくない？」のオーナーは、住宅型有料老人ホームと訪問看護ステーションを群馬県と新潟県で運営している会社です。「高齢の入居者たちは意外にパンが好き。入居者にも食べてもらえて、地域でも愛されるベーカリーを作りたい」という理由で、パン屋の新規出店を決めました。

また、茨城県水戸市の「迷わずゾッコン」を経営しているのは、WEBサービスの提供を続けてきた千葉県の企業です。「WEB事業だけでなく、リアルビジネスを行いたい」とさまざまな方法を模索していた最中、偶然僕が出演しているテレビ番組を見て、出店を決めてくれました。


これらは、ほんの一例です。

事実、僕が経営している「TOTSZEN BAKER'S KITCHEN」では、他店で長く修業を積んだ経験者だけでなく、まったく未経験で入社し、ゼロから技術を身につけたスタッフも数多くいます。

実際のところ、未経験者が経験者に劣るということは、決してありませんでした。

逆に、**未経験者ならではの柔軟な考え方や、店作りと商品への自由なアイデア、発想、そして何よりパンが好きという気持ちこそが、店舗の運営にこれまでになかった風を吹き込んでいる**ということを感じています。

常識にとらわれない新しい発想の商品を

パン作りの経験者だと、自分の経験のなかだけでパン作りをしてしまいがちになります。

たとえばクリームパンだったら、街のパン屋さんによくある、あの貝殻のような形です。でも、僕は生地やクリームの味などを思いきりアレンジしたクリームパンがあっていいとも思います。

パン作りを経験したことのない人たちにも、これまでのパンの常識をぶっ壊してしまうような斬新なパンを考えて、もっともっとお客様や僕たちを驚かせてもらいたいと思っています。パンに限らず、何かを自分で作っている人なら、その人ならではの「こだわり」や「自家製感」を、形にすることができるはずです。

僕たちがプロデュースしているパン屋では、独自に選定した機械を導入しているので、家庭はもちろんのこと、ほかのパン屋では食べられない食パンを提供している自信があります。そこにパン屋以外の異業種からの商品の見せ方や際立たせ方、販売の仕方についてのノウハウが加われば、ベーカリーにとって、大きな強みになります。異業種ならではのアイデアをどんどん活かして、パンの魅力や個性がどんどん細分化していけばパン業界はもっともっと楽しく広がっていきます。

既存のパン屋のパン作りにはない、常識にとらわれない柔軟な発想を持つ。これまでは想像もできなかったような職種の人が、パン専門店を出すという展開もありえない話ではありません。

餅は餅屋に任せるのがいいときもありますが、停滞した環境にブレイクスルーを生み出してくれるのは、いつだって常識に縛られない自由な発想を持った人材なのです。

Advice

異業種だから新しい発想ができる

コーヒー豆を選ぶのも社員の大事な仕事

チーム戦略術 2

常識を知った上での「非常識」

僕たちの会社は、意外と変わったことをやっているかもしれません。

現在はワーク・ライフ・バランス（仕事と生活の調和）の重要性が唱えられている時代ですが、いい店や商品を作るためには、仕事が終わってからの時間も食事などをしながら本音で話し合える機会を大切にしようというところがあります。もちろん、定時後の時間を拘束したり、無理に飲み会に誘ったりということではありません。

ただ、僕は社員にも「音・旅・服・食」のようなテーマを見つけて、プライベートを楽しむなかで、それぞれの感性を磨いてほしいと思っています。ですから、おいしいレストランや、センスのいいバーがあったら、普通は若手社員が行けないような少し高級なところであっても、僕のお金を使ってどんどん経験してみてほしいと思っているのです。

また勉強のために、アルバイトにも交際費を認めるなど、ほかの会社にないようなところもあります。

それに、オフィスにはDJブースを置いています。30分に一回、レコードをかえなければならないのですが、聴いている社員が音楽的なセンスを養うという意味で役立っていると思います。

それと会社に置いてあるコーヒーですが、持ち回りで順番に自分の好きなコーヒー豆を発注して、それぞれの味や香りを勉強させています。

髪の毛を染めたりするのも自由です。

ただ一つ言えるのは、「常識を覆す」というのは、常識を知っている人が非常識な提案をするからいいのであって、逆にいえば、常識を知らなければ成り立ちません。

常識を知らない人ばかりだと、無秩序になってしまうので、「この会社、大丈夫かな」と思われてしまいます。

生活を楽しむことを大切に

たとえば、弊社は神奈川県にあるので、東京から1時間かけて来ていただいたお客様がいるとします。

そこで、できるだけ居心地のいい空間を感じていただくために、社員も頑張って、厳選したコーヒーをお客様にお出しします。するとそこで喜んでいただけた経験は店作りにも活かされます。

社員たちはコーヒーやカップを自分の感性で選ぶことによって、人を喜ばせる楽しさを知り、それは人としての成長にもつながるのです。

僕は、自分の生活を楽しむこと、それによって生まれる成長を常に大切にしていきたいと思っています。これは自ら感じようと思っていないと、感じられないことです。

本書には何度も出てくることですが、「お客様に喜んでもらうこと」をひたすら愚直に貫いていったら、必ずどのビジネスも成功します。 しかし、**「喜んでもらう方法」は、自ら体験しないとわかりません。**

そんな機会を社員たちと一緒に共有できる会社にしていきたいと思っています。

Advice

味を知る、味を広めるのも社員教育です

時代の風を読み
変化に
対応できる
会社を目指す

時代の風をいかに摑むか

時代の空気や流れを読むために、僕は毎日のニュースチェックや読書による情報収集を欠かしません。**これからの時代がどう変わっていくのか。その流れをいかに摑むかが重要です。**

今回の新型コロナウイルス禍が収束したら、世のなかの多くのものがリセットされると思います。「アフターコロナ」と呼ばれていますが、世界秩序は元に戻るのではなく間違いなく変わっていくでしょう。

世のなかの仕事も同じです。減収になった仕事が多い一方、テレワークが盛んになったおかげで、通信事業が大きく業績を伸ばしました。すると世のなかは、もっとテレワークを普遍化していこうという流れになるのではないでしょうか。そうなると、コロナが収まったあとでも、悪天候の日には、「今日は雨が強いから、テレワークにしちゃいましょう」ということになってくると思います。

またウーバーイーツのような宅配業は、これからますます高齢化社会になってくることもあり、便利さだけでなく、いかに楽しむかという価値が出てくるのではないかと思います。その流れをインプットしてみると、これからはこういう時代のパンのあり方として、高齢者でも食べられるパンの宅配というものが考えられるのではないか。またその派生として、キッチンカーが広場に来てパンを売る。するとパン屋へ行く必要はなくなります。だとしたら、そこでイベントを催したらどうだろう？　そんな無店舗型のお店が増えてくるのではないでしょうか。

こんな予測をもとに、今後在宅ニーズに合わせた宅配専門店「考えた人届けます」をオープンすることにしました。

自らも変化して激動の時代を恐れない

コロナの影響による時代の急激な変化を恐れている方も多いと思いますが、それに対して受け身になってしまうとどんどん置いていかれてしまいます。ですが、**日頃から情報のインプットを欠かさず、「自分の幅」を広げ、自分から時代を掴みに行けば、変化は怖くなくなるはずです。**

うちのスタッフにも「時代の変化が怖い」という人がいます。

ですが、**時代が変わろうが変わるまいが、僕は社員たちには常に自分を変化させることを求めて行動していってほしいと思っています。**

以前、ある社員が長期休み明けに実家から戻ってきたときに相談されました。「社長、最近友達がいなくなっちゃったんですよ」と。「なんで?」と聞くと、彼は「僕の価値観がどんどん変わってっちゃってて、田舎の友達と話が合わなくなっちゃったんです」と言いました。

でも僕はこれっていいことだと思うんです。たくさんの経験を吸収して、「自分の幅」が広がったら、これまで付き合ってきた人たちと話が合わなくなってしまうこともあると思います。

彼自身も自分で納得していました。古い友人とはあまり会わなくなってしまうかもしれないけれど、その分、新たな出会いがあって、そのなかの経験がまた自分の財産になっていると言うのです。

自分の幅を広げようとすれば、自分自身が変化しようと思っていなくても、どんどん変化していきます。出会う人に影響されて、勝手に変わってしまうのです。

僕も、ミュージシャンでFPM（ファンタスティック・プラスチック・マシーン）として活動されている田中知之さんと仲がいいのですが、彼と出会ったおかげで音楽の価値観が大きく変わりました。

ジェネレーションギャップというのではないですが、彼は僕より10歳近く年上ですから、音楽やファッションについて、僕のなかにはなかったものをたくさん教えてくれるのです。

こうして常に情報収集し、自分自身が変化し続けることで、時代の変化をも恐れなくなることが、今後を生き抜くために大切なのではないでしょうか。

Advice

常に変化していれば、時代の変化にも対応できる

感動し続けてもらうために、感動し続ける

チーム戦略術 4

「成し遂げたい」をバックアップしていきたい

会社のトップとしての僕の役目は、社員に「何かをやりたい」という気持ちがあるなら、それを実現させる機会をあげることです。「何かを成し遂げたい」という根本的な気持ちがなければ、いくら支援しても意味がありません。ゼロのものは、どんなに大きな数字を掛けてもゼロですから、少しでもその気持ちがあるなら、大切にすべきだと思っています。

こちらが本気で教えようと思っても、本人にその気がなければ、絶対に育ちません。ただ、育てるといっても、僕は単なるハウツーで人を育てたくありません。なぜなら、ハウツーだけを教えるのはただの「深掘り」になってしまうからです。**僕は、社員一人ひとりに、人間としての「幅」を広げてほしいのです。**感性を広げて、もっともっと成長してくれたらと考えています。

「感性やセンスって、ある人にしかないんじゃない？」と思っている人も多いでしょう。でも、それは本当でしょうか？

感動がない人は何も生み出せない

先日、新入社員から聞いたのですが、「あなたの個性を見たいから、面接の際、私服を着てきてください」という会社があったというのです。

こういう考えは、僕は大賛成です。

でも、いざ私服で面接を受けに行ってみると、「君、本当に私服で来たの？　まったく今の子は……」と言われたのだそうです。だから僕の会社では私服でいいよと言われても、不安だったといいます。日本の社会って、いまだにこういうところがあるのか、と僕は驚き、呆れました。

服装のセンスにせよ、ビジネスのアイデアにせよ、センスは誰でも養って育てていくことができるものだと僕は思っています。

僕の見た目もどんどん変遷していくし、僕の仕事ぶりも、進化していきます。内面の変化は、見た目に出るのです。私服を見れば、その人のセンスがどう変わってきたか、よくわかるではありませんか。今、うちにいるスタッフも、常に変化していって、見た目も数年前とは大きく変わった人もいます。

そして、**スタッフ一人ひとりの変化を促してくれているのが、「感動の体験」だと思います。**お客様に喜びや楽しさを提供する仕事をしていることに対しての感動です。

感動しない人ほどつまらないものはありません。

これからのビジネスは「新しい」「オシャレ」「おいしい」というだけでは、お客様は集まりません。

いつまでも飽きられてしまうことなく、お客様をワクワクさせたり感動させたり、夢を与えるビジネスを創造していきたいと思っています。

Advice

たくさん感動して、たくさん感動させよう！

カカオいちごジャム
バタートースト

Column

ココア（カカオ）パウダーが味の決め手の極上ジャムパン

用意するもの

食パン（トースト）	1枚
バター	適量
いちごジャム	適量
ココア（カカオ）パウダー	適量

トーストしたパンにバターを塗って、さらにいちごジャムを上塗りする食べ方はもはや定番かと思います。そんな小さなお子様からお年を召した方まで、一度は食べたことがある「バター&いちごジャムパン」ですが、今回紹介するレシピはその進化系。

ほんの3～4振りでいいんです。今度から召し上がる前に、ココア（カカオ）パウダーをかけてください！

バターの塩味、いちごジャムの甘みに、ココア（カカオ）パウダーの苦みが加わることで、いつもの定番メニューが劇的に変わりますよ。

おわりに

数多くの本があるなかで、この本を手に取って最後まで読んでいただいてありがとうございました。

実は僕も本が大好きで、たくさん読んでいた時期があります。よく「売れる店になるには？」みたいなビジネス書を買い漁って研究したものです。

ただ、本に書いてある通りのことを実践しても、正直なところなかなか上手くはいきません。書いてあることを真似して成功するのであれば、世のなかみんな売れるお店になっていますからね。

とはいえ、本を読むことで少なくともビジネスのベースは学べると思います。それは大前提として必要なことなので、決して無意味なことではありません。

結局のところ、ビジネスを成功させるためには、遠回りをしていくしかないのです。では、遠回りって具体的にどういうことか？　と言うと、それが本書に何度も登場する「音・旅・服・食」です。

少し長くなりますが、僕がそのキーワードにたどり着いた理由をお話しさせてください。

「旅」が自分を認める自信をくれた

話は幼少期までさかのぼりますが、小学生の頃の僕は、コンプレックスの塊でした。もともと目立ちたがりで人気者になりたい性格だったのですが、運動神経は悪いし、小さい頃に遭った交通事故で言語障害になってしまい、声もどもる。そのせいで小学校ではいじめに遭ったこともありました。

でもそんな僕が唯一誇りを持てたのが、父親がよく連れて行ってくれた「旅」でした。父親は消防局で働いていたので、まとまった休みが取れるといつもどこかへ旅行に連れて行ってくれたのです。

運動神経が悪くて声もどもっていたけれど、クラスの誰よりも旅をしていて、さまざまなことを知っている。そのことが、僕のなかの強みであり、支えにもなっていたんです。

すると不思議なもので、ふさぎ込んで内向的だった性格も明るくなり、声のどもりも逆手に取って周囲を笑わせられるまでになりました。小学6年生になる頃にはバレンタインにチョコレートを2個くらいもらえるようになって、だんだんと僕のことをわかってくれる人が現れたんだと素直にうれしく思いました。

「音楽」で大衆が盛り上がる喜びを知った

そこから中学時代にはギターを持つようになって、難しい弾き方を熱心に練習するようなギター少年になりました。今度はそれを人に聴いてもらうことに喜びを覚えます。でも、テクニカルなプレイって、聴いている人にはあまり喜んでもらえなくて、尾崎豊とか、みんなが知っている歌謡曲を弾いたほうがウケました。

そのとき、一部のギター好きに喜ばれるプレイよりも、大衆的でもたくさんの人に喜ばれるうれしさは何事にも代えがたいなとはじめて思ったのです。

このように、僕にとって「旅」と「音楽」は今の自分を作り上げた原点でした。自分の知らない世界を見て、新しいことに出会う楽しさを教えてくれたのが「旅」で、人を楽しませることで自分自身が満たされたような気持ちになることを教えてくれたのが「音楽」です。

一度しかない人生、圧倒的に楽しみたい

僕がみなさんにも自分なりのキーワードを見つけて、たくさん体験していただきたいのは、ビジネスに役立つからだけではありません。それは人生の

幅を広げて、あなたの生き方自体を豊かにしてくれるはずだからです。

そして、ビジネスとはシンプルに言えば「人を喜ばせてお金をもらう」こと。だから「楽しさ」をたくさん体験すれば、「喜び」がどんな風に生まれるのかを知ることができる。それが結局、ビジネスにもつながるのです。


未曾有の規模で起きた世界的な感染症である新型コロナで経済も不安定になるなか、僕たちはいつも不安を抱えて生きています。ですが、こんな時代だからこそ落ち込んで縮こまっているだけではますます突破口が見えなくなるばかりです。

それよりも全力で楽しみ、全力で生き抜き、一人でも多くの人の喜びを作り出せる、そんな人間に僕はなりたいと思っています。

ですから、僕が最後にみなさんにお伝えしたいことはただ一つです。

「もっと遊べ！」

二〇二〇年六月　　岸本拓也

岸本拓也プロデュース

食パン専門店リスト

なま剛力スタジアム 太田店
群馬県太田市小舞木町27−1 舞昇ビル1

まじヤバくない?
群馬県高崎市飯塚町487

なま剛力スタジアム 伊勢崎店
群馬県伊勢崎市宮子町3420-8 サンヒルズ宮子10

モノが違う
埼玉県さいたま市北区東大成町2-476-1

アゴが落ちた
埼玉県川越市脇田町5-13

歴史は変わる
千葉県市川市市川1丁目23-2 アクティブ市川ビル

だきしめタイ
千葉県市川市行徳駅前1-27-17

街がざわついた
千葉県佐倉市王子台1丁目20-11

考えた人すごいわ 清瀬店
東京都清瀬市元町1-10-13

うん間違いないっ! 中野坂上店
東京都中野区本町2-50-11

どんだけ自己中 荻窪店
東京都杉並区荻窪4-20-15

北海道地方

乃木坂な妻たち 本店
北海道札幌市中央区北6条西15丁目3-7

パンダが笑ったら
北海道網走市駒場北3丁目3-16

東北地方

本物はすごかった
青森県八戸市大字糠塚字古常泉下18-4

リンゴの次
青森県青森市本町2丁目11−13

許してちょんまげ
山形県鶴岡市宝田1-4-25

考えた人すごいわ 仙台店
宮城県仙台市青葉区本町1丁目6-23 インテリックス仙台ビル1F

関東地方

迷わずゾッコン 水戸店
茨城県水戸市笠原町1151-1

うまい食パン
栃木県佐野市吉水町366-2

世紀の対決だ
東京都調布市国領町2丁目7-3

午後の食パン これ半端ないって! 橋本本店
神奈川県相模原市緑区橋本2丁目17-21

考えた人すごいわ 菊名店
神奈川県横浜市港北区菊名6丁目1-7 鈴木ビル1F

午後の食パン これ半端ないって! 青葉台店
神奈川県横浜市青葉区青葉台1丁目15-21

午後の食パン これ半端ないって! 能見台店
神奈川県横浜市金沢区能見台通2-3

君は食パンなんて食べない
神奈川県藤沢市藤沢462

生とサザンと完熟ボディ
神奈川県茅ケ崎市新栄町10-12 ゴールドサン1F

迷わずゾッコン 横浜中山店
神奈川県横浜市緑区寺山町86 美紀ビル1階

迷わずゾッコン 小田原店
神奈川県小田原市栄町2丁目12-12第8明智ビル1階

ここに決めた
神奈川県川崎市中原区木月2丁目5-14

中部地方

おい!なんだこれは!
新潟県上越市飯2536-1

まじガマンできない
新潟県新潟市中央区西堀前通5番町764番地 伊藤西堀前ビル1階

どんだけ自己中 方南町店
東京都杉並区方南町2-15-12 クレスト方南1階

題名のないパン屋 本店
東京都大田区大森東1-12-4

題名のないパン屋 蒲田店
東京都大田区蒲田2丁目18−24

くちどけの朝じゃなきゃ!!
東京都世田谷区用賀4-11-14 1F

うん間違いないっ! 練馬駅前店
東京都練馬区練馬1-18-3 ソサナビル1F

白か黒か 錦糸町本店
東京都墨田区太平1-22-12

真打ち登場 千駄木店
東京都文京区千駄木2-21-6

十八番麦蔵
東京都練馬区大泉学園町1-3-9

白か黒か 小岩店
東京都江戸川区西小岩1-20-15

白か黒か 浅草店
東京都台東区駒形2丁目6-3

真打ち登場 大山東口店
東京都板橋区大山町2-2 エステート水谷ビル1F

真打ち登場 リリオII亀有店
東京都葛飾区亀有3-29-1 リリオ弐番館1F

うん間違いないっ! 千歳烏山店
東京都世田谷区南烏山5丁目12-11 宮本ビル

ねえぇほっとけないよ 豊田店
愛知県豊田市東梅坪町9-2-3

つまりね。だから♡
愛知県岡崎市伊賀新町3-23

たし算とひき算
愛知県一宮市野口2-12-4

おりひめ&ひこぼし
愛知県安城市末広町3-1 末広大嶽ビル1階B号

あらやだ奥さん
三重県桑名市桜通48

ついに来たね
富山県高岡市北島258

近畿地方

別格
京都府京都市中京区新町通錦小路上ル百足屋町388-1

非常識
大阪府大阪市中央区西心斎橋1-4-3 心斎橋OPA本館地下2階

明日が楽しみすぎて
大阪府大阪市中央区難波5-1-60 なんばシティ本館1階

わたし入籍します
大阪府枚方市大垣内町2-16-12 サクセスビル1F

キスの約束しませんか
大阪府東大阪市足代1-18-7

朝起きたら君がいた
大阪府豊中市上新田4丁目7-10

不思議なじいさん
富山県下新川郡入善町入膳3522-27 森下ビル

乃木坂な妻たち 金沢店
石川県金沢市戸水2-70

どんだけ自己中 甲府店
山梨県甲府市朝気1-9-6

これぞパンです This is a "PAN" !!
長野県上伊那郡南箕輪村298-5

おいで信州
長野県松本市1-6-3 松本ビル

ねぇわかったでしょ
長野県松本市平田東2−9−4　しゃぶしゃぶ温野菜松本平田店

恋が愛にかわるとき
長野県長野市大字鶴賀上千歳町1192丸山ビル

すでに富士山超えてます
静岡県静岡市葵区鷹匠2-9-4 メゾン鷹匠1F

やさしく無理して
静岡県静岡市葵区瀬名川2丁目27-41

夜にパオーン
静岡県袋井市堀越5丁目10-13

とく川
愛知県名古屋市東区筒井3-26-24

ねえぇほっとけないよ 瀬戸店
愛知県瀬戸市菱野台3-24

ねえぇほっとけないよ 名東店
愛知県名古屋市名東区西山本通2-22

偉大なる発明 熊本店
熊本県熊本市中央区辛島町8-23

革命とはこのこと
熊本県熊本市北区高平2-24-13 グランフィオーレ高平1F

運命の一枚
熊本県熊本市北区武蔵ケ丘1丁目2-38

セレブ工場 大分店
大分県大分市府内町3丁目3-21

くちびるが止まらない
宮崎県宮崎市神宮東3丁目4-25

偉大なる発明 鹿児島店
鹿児島県鹿児島市中町3-5

すごいパン屋
鹿児島県出水市高尾野町大久保597 トゥモロウ高尾野店内

偉大なる発明 霧島店
鹿児島県霧島市国分野口東8番40号 TSUTAYA BOOKSTORE 霧島店

偉大なる発明 姶良店
鹿児島県姶良市西餅田264-1 イオンタウン姶良

僕ができること。
沖縄県那覇市首里当蔵2-14

a piece of by 僕ができること。
北谷町美浜34-2 レクー沖縄北谷スパ&リゾート1F

乃木坂な妻たち 北大和店
奈良県生駒市北大和1丁目23-1

中国地方

もう言葉がでません
鳥取県鳥取市吉成779-37

考えた人すごいわ 広島店
広島県広島市南区松原町3-1-120 エキシティ ヒロシマ1F

美味しくて、懺悔。
広島県安芸高田市吉田町山手1059-1道の駅「三矢の里 あきたかた」内

九州・沖縄地方地方

偉大なる発明 福岡赤坂店
福岡県福岡市中央区赤坂2丁目1-18

奇人と変人
福岡県行橋市北泉4-39-1 胡座イタリアン敷地内店

偉大なる発明 小倉店
福岡県北九州市小倉北区浅野1丁目1-1　アミュプラザ小倉B1

ホッペが落ち“マース”
福岡県北九州市小倉南区上葛原1-10-9

セレブ工場 長崎店
長崎県長崎市浜町6-22

こ令和すごすぎる件
長崎県佐世保市権常寺1-4-20

もはや最高傑作 熊本店
熊本県熊本市東区健軍4丁目17-1

岸本拓也
TAKUYA KISHIMOTO

ジャパン ベーカリー マーケティング株式会社代表取締役社長
有限会社わらうかど代表取締役社長

関西外国語大学卒業後、人に喜んでもらうことを仕事にしたいという想いから、外資系ホテルの横浜ベイシェラトン ホテル＆タワーズに入社。広報PR・レストランカフェ・ホテルベーカリーショップのマーケティング及び企画業務を担当。20代後半、ベーカリー開業準備のため退社し、有限会社わらうかど設立。2006年横浜・大倉山にて「TOTSZEN BAKER'S KITCHEN（トツゼンベーカーズキッチン）」を開業。2011年より、震災地におけるベーカリープロデュースやホテルベーカリーの業態開発を経て、2013年にジャパンベーカリーマーケティング株式会社を設立。国内外問わず現在進行中の案件も含めて約200店舗のベーカリーをプロデュースしている。

「考えた人すごいわ」を考えたすごい人

2020年7月9日　初版発行

著者　岸本拓也
発行者　小林圭太
発行所　株式会社 CCCメディアハウス
〒141-8205 東京都品川区上大崎3丁目1番1号
電話　03-5436-5721（販売）
03-5436-5735（編集）
http://books.cccmh.co.jp

印刷・製本　豊国印刷株式会社

ISBN978-4-484-20219-8